Agnes Martin

Writings

Edited by / Herausgegeben von Dieter Schwarz

Schriften

Hatje Cantz

The editor wishes to thank
for their generous help
in making this book possible:

Der Herausgeber dankt für
großzügige Unterstützung beim
Zustandekommen dieses Buches:

Agnes Martin, Galisteo, New Mexico
Annemarie & Gianfranco Verna, Zürich
Arnold B. Glimcher & Peter Boris, The Pace Gallery, New York
Alfred Richterich, Laufen

This book was published
to accompany the exhibition
AGNES MARTIN:
PAINTINGS AND WORKS
ON PAPER, 1960–1989
at the Kunstmuseum
Winterthur, January 19 to
March 15, 1992.

Diese Publikation erschien
anläßlich der Ausstellung:
AGNES MARTIN:
BILDER UND ARBEITEN
AUF PAPIER, 1960–1989
vom 19. Januar–15. März 1992
im Kunstmuseum Winterthur.

10.2.06

FOR RUTH ANN —
ON YOUR 27th birthday.

love,
[illegible]

Agnes Martin

Coverimage / Umschlagsabbildung
AGNES MARTIN / New York, Early 60's / Frühe 60er Jahre / © Peter Moore

Preface

It might seem surprising to see the writings of Agnes Martin being published in a book, for this artist born in Maklin, Saskatchewan, in 1912 has never put aside her painting in favor of theoretical manifestoes or programmatic statements. Agnes Martin is an artist who has abandoned painting only occasionally when she was engaged in drawing or making watercolors. What Agnes Martin has presented is in fact a decidedly pure painterly body of work that seems reserved exclusively to visual perception and from which all literary allusions or representational references are banished. And yet we have a stately volume with the artist's writings of the past twenty years before us.
Only a few surviving notes from the fifties and the early sixties provide us with an insight into Agnes Martin's thinking of that time. Next to external difficulties that led to the loss of numerous paintings, her self-critical attitude is also to blame that only fragments of her early work have survived. As she herself has declared, she destroyed her early paintings in the course of the last few decades as far as she still had access to them for, according to her view, her work does not follow a genealogical line. Just as little should it supply documentary reference points for any kind of evolution or development. Such aspects are extraneous to the claims of absoluteness and timelessness that her painting demands. So it would be wrong to assume that Agnes Martin's work evolved towards the activity of writing. The reason for recording her ideas at a given moment was an invitation by the Institute of Contemporary Art of the University of Pennsylvania to deliver a lecture. She was in a longer period of abstention from painting then. Since she had left New York for New Mexico in 1967 because she had lost her apartment in the artist's community Coenties Slip at the southern tip of Manhattan, she had not painted any more. Only in 1974 would she take up to her work as an artist again, with *On a Clear Day*, a series of prints.

The lecture *On the Perfection Underlying Life* was completed only after numerous onsets – the published version of the manuscript is entitled "Beginning No. 5". This speech addressed to young artists is neither an autobiographical review by an artist of an older generation nor an essayistic reflexion about the chosen subject. No, this is a true speech, a monologue in which each new element joins the preceding sentence or idea in a seemingly clumsy pace that allows every sentence to unfold in an uniform way. Agnes Martin delivers precise statements on the artist and his work, the solitude of the artist, on notions like beauty and truth. Yet the result is more than a mere statement. In the process of writing, in this inner speech, the conviction grows on her that the ideas that result from personal experience, that the particular individual experience of the artist inevitably become detached from the personal and turn into universal truths. The handwritten lecture moves away from the painting it cannot reproduce, but it attempts to transmit analogically the hopeful awareness of the unity of truth and beauty in the work of art.

Writing and speaking: the precise form of Agnes Martin's talk led the critic Ann Wilson to write down some of the stories that often recur in the artist's conversation, without interfering too strongly with the flow of her words. This is how, along with other texts, *The Untroubled Mind* has come about. In retrospect Agnes Martin meets this text – it has been published several times – and the lectures she wrote down herself with the same friendly scepticism. In re-reading her texts, she is doubtful when trying to bring back to mind her own thoughts. She is sceptical about the manuscript that has become conclusive by being reproduced. Her manuscripts are collected and published by others. She has discarded things that were of no more importance to her, things like manuscripts of speeches and lectures once they were held.

In the tension that exists between the abiding static form of the individual paragraphs and the dynamic narrative pull of the text, the flow of words in such a lecture transmits something of the emphasis and the subtle impatience that also characterize the paintings of Agnes Martin. These pictures that seem so calm are the result of an intensive, moved process of painting whose

physical intensity is not expressed in gestural brushwork but through the insistence through which Agnes Martin pursues a pictorial idea day after day. Most of the results of this continuous painterly work are rejected or painted over. Eventually only a few paintings are left. Those that seem successful to her, in which she sees her idea of leaving the preconceived, fixed form left behind and where the concept of creating a space for perception is realized stroke by stroke, line by line:
"My paintings have neither object nor space nor line nor anything – no forms. They are light, lightness, about merging, about formlessness, breaking down form. You wouldn't think of form by the ocean. You can go in if you don't encounter anything. A world without objects, without interruption, making a work without interruption or obstacle. It is to accept the necessity of the simple direct going into a field of vision as you would cross an empty beach to look at the ocean."

Dieter Schwarz

Vorwort

Es mag überraschen, daß Agnes Martins Schriften in Buchform erscheinen, denn die 1912 in Maklin, Saskatchewan, geborene Künstlerin hat ihre Malerei nie zugunsten theoretischer Manifeste oder programmatischer Aussagen zurückgestellt. Agnes Martin ist eine Künstlerin, die vom Medium der Malerei höchstens zeitweilig abwich, wenn sie sich mit Zeichnungen oder Aquarellen beschäftigte. Was Agnes Martin vorgelegt hat, ist sogar ein ausgesprochen reines malerisches Werk, das der visuellen Wahrnehmung vorbehalten scheint und aus dem jede literarische Anspielung, jede darstellende Referenz verbannt ist. Dennoch liegt hier ein stattlicher Band vor, der Schriften der Künstlerin aus den vergangenen zwanzig Jahren versammelt.
Nur wenige erhaltene Notizen aus den fünfziger und den frühen sechziger Jahren vermitteln einen Einblick in Agnes Martins damalige Gedankenwelt. Neben äußeren Schwierigkeiten, die zum Verlust zahlreicher Bilder führten, ist es auch ihrer selbstkritischen Haltung zuzuschreiben, daß vom Frühwerk nur Bruchstücke erhalten blieben. Nach eigener Aussage zerstörte die Künstlerin nämlich in den letzten Jahrzehnten ihre frühen Bilder, soweit sie ihr noch zugänglich waren. In ihrer Auffassung folgt ihr Werk nicht einer Genealogie, und ebensowenig soll es dokumentarische Anhaltspunkte für eine Entwicklung liefern – solche Gesichtspunkte sind dem absoluten und zeitlosen Anspruch ihrer Malerei fremd. So wäre es falsch anzunehmen, daß sich Agnes Martins Werk auf das Schreiben hin entwickelt hat. Anlaß dazu, ihre Gedanken zu einem bestimmten Zeitpunkt schriftlich festzuhalten, war die Anfrage des Institute of Contemporary Art der University of Pennsylvania an die Künstlerin, einen Vortrag zu halten. Sie befand sich damals in einer längeren Periode der Abstinenz von der Malerei. Denn seit sie 1967 New York verlassen und sich in New Mexico angesiedelt hatte, da sie ihre Wohnung in der Künstler-Community Coenties Slip an der Südspitze Manhattans verloren hatte, malte sie nicht mehr; erst

1974 sollte sie mit dem Graphikzyklus *On a Clear Day* wieder zu ihrer bildnerischen Arbeit zurückkehren.
In wiederholten Anläufen – die erhaltene Manuskriptfassung ist »Beginning No. 5« betitelt – entstand so die Rede *On the Perfection Underlying Life*. Diese Rede, die sich an junge Künstler wendet, ist weder ein autobiographischer Rückblick einer älteren Künstlerin noch eine essayistische Reflexion über das gewählte Thema. Nein, es ist eine eigentliche Rede, ein Monolog, in dem Satz für Satz, Gedanke für Gedanke in einem scheinbar schwerfälligen Duktus aneinandergefügt werden, der jeder Satzfolge erlaubt, sich gleichmäßig zu entfalten. Agnes Martin formuliert präzise Aussagen über das Verhältnis von Künstler und Werk, über die Einsamkeit des Künstlers, über Begriffe wie Schönheit und Wahrheit. Es entsteht jedoch mehr als eine bloße Stellungnahme. Aus dem Vorgang des Schreibens, der inneren Rede, entsteht die Gewißheit, daß die aus persönlichem Erleben hervorgegangenen Aussagen, daß die individuelle Erfahrung des Künstlers überhaupt sich notwendig von seiner Person ablösen und zur allgemeinverbindlichen Wahrheit werden. Die handschriftlich festgehaltene Rede entfernt sich von der Malerei, die sie nicht wiedergeben kann, sie versucht jedoch in Analogie dazu, die hoffnungsvolle Erkenntnis von der Vereinigung von Wahrheit und Schönheit im Kunstwerk zu vermitteln.
Schreiben und Reden: die prägnante Form von Agnes Martins mündlicher Sprache veranlaßte die Kritikerin Ann Wilson dazu, einige der im Gespräch häufig wiederkehrenden Geschichten und Gedanken aufzuschreiben, möglichst ohne in den Redefluß einzugreifen. Auf diese Weise kam unter anderem der mehrfach gedruckte Text *The Untroubled Mind* zustande, dem Agnes Martin rückblickend dieselbe freundliche Skepsis entgegenbringt wie ihren selbstgeschriebenen Vorträgen. Sie zeigt Skepsis im Versuch, sich beim Wiederlesen die eigenen Gedanken zu vergegenwärtigen, Skepsis gegenüber dem durch Reproduktion endgültig gewordenen Manuskript. Ihre Manuskripte werden von anderen veröffentlicht und gesammelt; sie selber hat weggeworfen, was ihr nicht mehr weiter wichtig erschien, und dazu gehören Reden und Vorträge, wenn sie einmal gehalten sind. Der Ablauf einer solchen Rede vermittelt in der Spannung

zwischen dem statischen Verharren der einzelnen Abschnitte und der narrativen Dynamik des Fortschreitens etwas von dem Nachdruck und der sanften Ungeduld, die auch Agnes Martins Malerei bestimmen. Diese so ruhig erscheinenden Bilder sind das Ergebnis eines intensiven, bewegten Malvorgangs, dessen physische Intensität sich nicht im Gestischen äußert, sondern in der Insistenz, mit der Agnes Martin Tag für Tag unablässig eine Bildvorstellung verfolgt. Von den Produkten dieser regelmäßigen Malarbeit werden die meisten verworfen oder übermalt; es bleiben schließlich nur wenige Bilder übrig, die ihr gelungen erscheinen, in denen sie ihren Gedanken verwirklicht sieht, die vorgefaßte, feste Form hinter sich zu lassen und Strich für Strich, Linie für Linie der Wahrnehmung einen Raum zu erschaffen:
»Meine Bilder haben weder Gegenstand noch Raum noch Linien oder etwas anderes – keine Formen. Sie sind Licht, Lichtheit, sie handeln vom Verschmelzen, von Formlosigkeit, vom Auflösen der Form. Vor dem Ozean würdest du nicht an Form denken. Du kannst in ihn hineingehen, wenn dir nichts entgegentritt. Eine Welt ohne Gegenstände, ohne Unterbrechung – ein Werk schaffen ohne Unterbrechung oder Hindernis. Es bedeutet, die Notwendigkeit zu akzeptieren, einfach und direkt in das Gesichtsfeld hineinzutreten, so wie du einen leeren Strand überqueren würdest, um den Ozean zu betrachten.«

Dieter Schwarz

Notes

I hope I have made it clear that the work is *about* perfection as we are aware of it in our minds but that the paintings are very far from being perfect – completely removed in fact – even as we ourselves are.

*

In graphic arts and all the arts technique is a hazard even as it is in living life.

*

Everyone recognizes the nature pattern of unequal and contesting or related parts.
Classicism foresakes the nature pattern.

*

The underside of the leaf
Cool in shadow
Sublimely unemphatic
Smiling of innocence

The frailest stems
Quivering in light
Bend and break
In silence

This poem, like the paintings, is not really about nature. It is not what is seen. It is what is known forever in the mind.

*

The silence on the floor of my house
Is all the questions and all the answers that have been known in the world
The sentimental furniture threatens the peace
The reflection of a sunset speaks loudly of days

*

Huang Po, page 50, John Blofeld:
The Buddha has three bodies
the Dharmakāya – the void-pure mind, freedom
the Sambhogakāya – the underlying purity *(the classic)*
the Nirmānakāya – ritualistic
The last two are not real teachers of the true Dharma

*

Art work has only a tintering of what it attempts to represent to the artist and to responsive observers. It is not beneficial, nothing is gained from it, and it does not tell the truth. It is enjoyed or not according to the condition of the observer. A very small gesture of exultation.

*

Good criticism by Robert Coates in the New Yorker Magazine, Sept. or Oct. 1961.
Comparison with Albers who was showing in Janis G. at the time.

*

The struggle of existence, non existence is not my struggle. The establishment of the perfect state not mine to do. Being outside that struggle I turn to perfection as I see it in my mind, and as I also see it with my eyes even in the dust.
Although I do not represent it very well in my work, all seeing the work, being already familiar with the subject, are easily reminded of it.

*

In my best moments I think "Life has passed me by" and I am content.

Walking seems to cover time and space but in reality we are always just where we started. I walk but in reality I am hand in hand with contentment on my own doorstep.

The ocean is deathless
The islands rise and die
Quietly come, quietly go
A silent swaying breath

I wish the idea of time would drain out of my cells and leave me quiet even on this shore.

*

We cannot even imagine how to be humble.

I can see humility
Delicate and white
It is satisfying
Just by itself

And Trust
absolute trust
a gift
a precious gift

I would rather think of humility than anything else.

Humility, the beautiful daughter
She cannot do either right or wrong
She does not do anything
All of her ways are empty
Infinitely light and delicate
She treads an even path
Sweet, smiling, uninterrupted, free

*

The Thinking Reed

We need more and different flags.

What is the worm of the world that spoils exultation?

One who has become all eyes does not see.

To try to understand is to court misunderstanding.

Not to know but to go on.

Anything is a mirror.

There are two endless directions. In and out.

*

Response to Art

When we go to museums we do not just look, we make a definite response to the work. As we look at it we are happier or more sad, more at peace or more depressed. A work may stimulate yearning, helplessness, belligerence or remorse.
The cause of the response is not traceable in the work. An artist cannot and does not prepare for a certain response. He does not consider the response but simply follows his inspiration.
Works of art are not purposely conceived. The response depends upon the condition of the observer.

*

In our minds there is an awareness of perfection and when we look with our eyes we see it.

*

I would like my work to be recognized as being in the classic tradition (Coptic, Egyptian, Greek, Chinese), as representing the Ideal in the mind. Classical art can not possibly be eclectic. One must see the Ideal in one's own mind. It is like a memory of perfection.

*

The adventurous state of mind is a high house.
To enjoy life the adventurous state of mind must be grasped and maintained.
The essential feature of adventure is that it is a going forward into unknown territory.
The joy of adventure is unaccountable.
This is the attractiveness of art work. It is adventurous, strenuous and joyful.

*

Short Essays

Freshness:
Especially when the morning air is struck alive
Especially when the stream runs cool and the grass drinks
Especially in sweet sleep when small waves go back on themselves
Clear shining tumbling gay
Soft lifting serene
Allaying thirst
Freshness enters

Staleness:
Because I cannot see
Because I cannot know my desire
Because of burning and ashes
I am looking on my own death
Now in desperation I will help this one, that one
But there will be no help given
There will be hope and determination and no breathing

Aufzeichnungen

Ich hoffe, ich habe deutlich gemacht, daß es in der Arbeit *um* Vollkommenheit geht, so wie wir sie uns vorstellen, daß aber die Bilder weit entfernt davon sind, vollkommen zu sein – tatsächlich sind sie ganz fern davon – so wie wir selber.

*

In der bildenden Kunst und in allen Künsten ist technische Fertigkeit eine Gefahr, so wie im wirklichen Leben.

*

Jeder erkennt die naturhafte Ordnung ungleicher, widerstreitender oder aufeinander bezogener Teile.
Die Klassik gibt die naturhafte Ordnung auf.

*

Die Unterseite des Blattes
Kühl im Schatten
Über jeden Ausdruck erhaben
Unschuldig lächelnd.

Die schwächsten Stengel
Die im Licht beben
Biegen sich und brechen
Schweigend.

Dieses Gedicht handelt wie die Bilder nicht wirklich von der Natur. Es ist nicht, was man sieht; es ist, was man im Inneren seit jeher weiß.

*

Das Schweigen auf dem Boden meines Hauses
Besteht aus allen Fragen und allen Antworten, die die Welt gekannt hat
Die sentimentale Möblierung bedroht den Frieden
Der Widerschein der untergehenden Sonne spricht laut von den Tagen

*

Huang Po, Seite 50, John Blofeld:
Der Buddha hat drei Körper
den Dharmakāya: der rein-leere Geist
Freiheit
den Sambhogakāya: die zugrundeliegende Reinheit
(das Klassische)
den Nirmānakāya: das Rituelle
Die letzten zwei sind keine wirklichen Lehrer des wahren Dharma.

*

Das Kunstwerk ist nur ein Schimmer dessen, was es für den Künstler und für empfängliche Betrachter darzustellen versucht. Es ist nicht wohltätig, man kann keinen Gewinn aus ihm ziehen, und es sagt nicht die Wahrheit. Man genießt es oder nicht, entsprechend dem Zustand des Betrachters. Eine winzige Gebärde des Frohlockens.

*

Gute Kritik von Robert Coates im New Yorker Magazine, September oder Oktober 1961.
Vergleich mit Albers, der damals in der Janis G. ausstellte.

*

Der Existenzkampf ist nicht mein Kampf. Die Verwirklichung eines vollkommenen Zustandes liegt nicht an mir. Da ich außerhalb dieses Kampfes stehe, wende ich mich der Vollkommenheit

zu, so wie ich sie in meinem Inneren sehe und wie ich sie auch mit meinen Augen sehe, sogar im Staub.
Dennoch stelle ich sie in meiner Arbeit nicht gut dar. Alle, die die Arbeit sehen und die mit dem Thema vertraut sind, werden mühelos daran erinnert.

*

In meinen besten Momenten denke ich: »Das Leben ist an mir vorbeigegangen«, und ich bin zufrieden.

Gehen scheint Zeit und Raum zu durchqueren, doch in Wirklichkeit sind wir immer dort, von wo wir ausgegangen sind. Ich gehe, doch in Wirklichkeit stehe ich Hand in Hand mit der Genügsamkeit auf meiner eigenen Türschwelle.

Der Ozean ist ohne Tod
Die Inseln steigen auf und sterben
Ruhig kommen und gehen sie
Ein stiller, wogender Hauch

Ich wünschte, der Gedanke der Zeit würde aus meinen Zellen fließen und mich sogar an diesem Ufer in Ruhe lassen.

*

Wir können uns nicht einmal vorstellen, wie es ist, demütig zu sein.

Ich kann die Demut sehen
Fein und weiß
Sie ist beglückend
Allein durch sich selber

Und Vertrauen
absolutes Vertrauen
ein Geschenk
ein wertvolles Geschenk

Ich denke lieber an Demut als an irgend etwas anderes.

Demut, die schöne Tochter
Sie kann weder richtig noch falsch handeln
Sie tut gar nichts
Ihr ganzes Wesen ist leer
Unendlich leicht und fein
Sie schreitet auf ebenem Pfad
Süß, lächelnd, von nichts aufgehalten, frei

*

Das denkende Schilfrohr

Wir brauchen mehr und andere Flaggen.

Was ist der Wurm der Welt, der die Freude zerstört?

Jemand, der nur noch Auge ist, sieht nicht.

Zu verstehen suchen, heißt dem Mißverstehen huldigen.

Nicht wissen, aber weitergehen.

Irgend etwas ist ein Spiegel.

Es gibt zwei ewige Richtungen: Herein und hinaus.

*

Reaktion auf die Kunst

Wenn wir in Museen gehen, schauen wir nicht einfach, sondern reagieren auf bestimmte Weise auf die Werke. Wenn wir sie betrachten, sind wir glücklicher oder trauriger, im Frieden mit uns selber oder deprimiert. Ein Werk kann Sehnsucht, Hilflosigkeit, Angriffslust oder Reue hervorrufen.
Der Grund für die Reaktion läßt sich nicht im Werk selber finden. Ein Künstler ist nicht auf eine bestimmte Reaktion vorbereitet und kann es nicht sein. Er kümmert sich nicht um die Reaktion, sondern folgt bloß seiner Eingebung.
Kunstwerke sind nicht mit Absicht ausgedacht. Die Reaktion hängt vom Zustand des Betrachters ab.

*

In unserem Inneren gibt es ein Bewußtsein der Vollkommenheit, und wenn wir mit unseren Augen schauen, sehen wir sie.

*

Ich möchte, daß meine Arbeit als Teil der klassischen (koptischen, ägyptischen, griechischen, chinesischen) Tradition verstanden wird, als Darstellung des Idealen. Klassische Kunst kann unmöglich eklektisch sein. Man muß das Ideale in seinem eigenen Inneren sehen. Es ist wie eine Erinnerung an die Vollkommenheit.

*

Der Abenteuergeist ist ein hohes Haus.
Um das Leben zu genießen, muß man den Abenteuergeist einfangen und behalten.
Das Hauptmerkmal des Abenteuers ist, daß es ein Voranschreiten in unbekanntes Gebiet ist.
Die Freude am Abenteuer ist unerklärlich.
Das ist das Anziehende des Kunstwerks. Es ist abenteuerlich, mühselig und freudvoll.

*

Kurze Aufsätze

Frische:
Besonders wenn die Morgenluft von der Sonne zum Leben erweckt wird
Besonders wenn der Fluß kühl dahinläuft und das Gras trinkt
Besonders im süßen Schlaf, wenn kleine Wellen auf sich selber zurückfallen
Helleuchtend purzelnd fröhlich
Zartaufsteigend heiter
Durststillend
Frische tritt ein

Fadheit:
Weil ich nicht sehen kann
Weil ich mein Begehren nicht kennen kann
Wegen Brand und Asche
Ich betrachte meinen eigenen Tod
Jetzt will ich aus Verzweiflung diesem und jenem helfen
Doch es wird keine Hilfe geben
Es wird Hoffnung und Entschlossenheit und kein Atmen geben

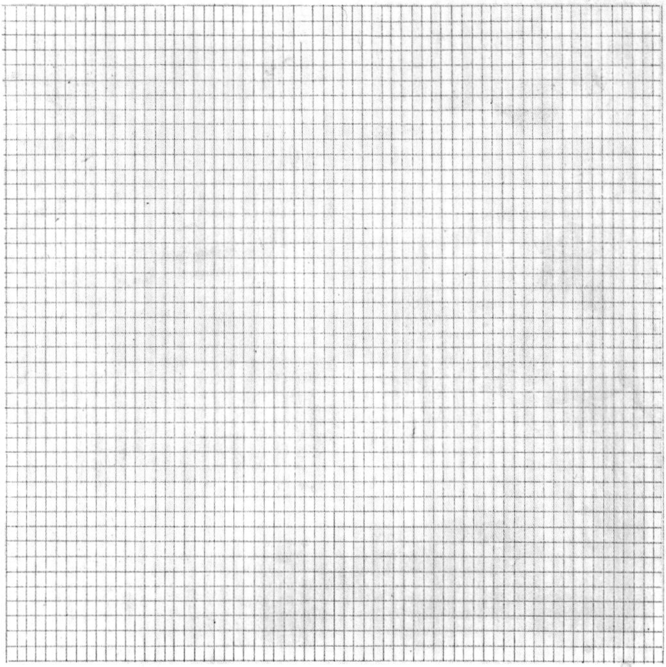

Answer to an Inquiry

My formats are square, but the grids never are absolutely square; they are rectangles, a little bit off the square, making a sort of contradiction, a dissonance, though I didn't set out to do it that way. When I cover the square surface with rectangles, it lightens the weight of the square, destroys its power.

Antwort auf eine Umfrage

Meine Formate sind quadratisch, doch die Gitter sind nie absolut quadratisch; sie sind Rechtecke, die etwas vom Quadrat abweichen und eine Art Widerspruch hervorbringen, eine Dissonanz, obwohl ich sie nicht von Anfang an beabsichtigte. Wenn ich die quadratische Fläche mit Rechtecken ausfülle, macht dies das Gewicht des Quadrats leichter und zerstört seine Macht.

Reflections

I'd like to talk about the perfection underlying life
when the mind is covered over with perfection
and the heart is filled with delight
but I wish not to deny the rest.
In our minds, there is awareness of perfection;
when we look with our eyes we see it,
and how it functions is mysterious to us and unavailable.
When we live our lives it's something like a race – our minds become concerned and covered over and we get depressed and have to get away for a holiday.
And then sometimes there are moments of perfection
and in these moments we wonder why we ever thought life was difficult.
We think that at last our feet are on the right path and that we will not falter or fail.
We're absolutely convinced we have the solution and then the moment is over.
Moments of awareness are not complete awareness,
just as moments of blindness are not completely blind.
In moments of blindness when you meet someone you know well,
they seem hardly recognizable,
and one seems even a stranger to oneself.
These experiences of the mind are too quickly passed over and forgotten,
although startling moments of awareness are never forgotten.
Seeking awareness of perfection in the mind is called
living the inner life.
It is not necessary for artists to live the inner life.
It is only necessary for them to recognize inspiration or to represent it.
Our representations of inspiration are far from perfect
for perfection is unobtainable and unattainable.

Moments of awareness of perfection and of inspiration are alike except that inspirations are often directives to action.
Many people think that if they are attuned to fate, all their inspirations will lead them toward what they want and need.
But inspiration is really just the guide to the next thing
and may be what we call success or failure.
The bad paintings have to be painted
and to the artist these are more valuable than those paintings later brought before the public.
A work of art is successful when there is a hint of perfection present –
at the slightest hint... the work is alive.
The life of the work depends upon the observer, according to his own awareness of perfection and inspiration.
The responsibility of the response to art is not with the artist.
To feel confident and successful is not natural to the artist.
To feel insufficient,
to experience disappointment and defeat in waiting for inspiration
is the natural state of mind of an artist.
As a result praise to most artists is a little embarrassing.
They cannot take credit for inspiration,
for we can see perfectly, but we cannot do perfectly.
Many artists live socially without disturbance to mind,
but others must live the inner experiences of mind, a solitary way of living.

Gedanken

Ich möchte über die Vollkommenheit, die dem Leben zugrunde liegt, sprechen,
wenn das Innere von Vollkommenheit benommen
und das Herz von Freude erfüllt ist,
doch ich möchte den Rest nicht in Abrede stellen.
In unserem Inneren gibt es Erkenntnis der Vollkommenheit;
wenn wir mit unseren Augen schauen, sehen wir sie,
und wie sie funktioniert, ist für uns ein Rätsel und unerreichbar.
Wenn wir unser Leben leben, ist es so etwas wie ein Rennen – unser Inneres wird besorgt und benommen, und wir sind niedergeschlagen und müssen für einen freien Tag wegfahren.
Und dann gibt es manchmal Augenblicke der Vollkommenheit,
und in diesen Augenblicken wundern wir uns, warum wir je dachten, daß das Leben schwierig sei.
Wir glauben, daß unsere Füße endlich auf dem richtigen Pfad sind und daß wir weder straucheln noch fehlgehen werden.
Wir sind vollkommen überzeugt, daß wir die Lösung haben, und dann ist der Augenblick vorbei.
Augenblicke der Erkenntnis sind nicht vollkommene Erkenntnis,
so wie Augenblicke der Blindheit nicht vollkommen blind sind.
Wenn du in Augenblicken der Blindheit jemanden triffst, den du gut kennst,
erkennst du ihn kaum wieder,
und man erscheint sogar sich selber fremd.
Diese inneren Erfahrungen werden zu schnell übergangen und vergessen,
obwohl überraschende Augenblicke der Erkenntnis nie vergessen werden.
Die innere Erkenntnis der Vollkommenheit suchen, heißt
das innere Leben leben.
Es ist für Künstler nicht notwendig, das innere Leben zu leben.
Es ist für sie bloß notwendig, Eingebung zu erkennen oder darzustellen.

Unsere Darstellungen der Eingebung sind weit davon entfernt, vollkommen zu sein,
da die Vollkommenheit unzugänglich und unerreichbar ist.
Augenblicke der Erkenntnis der Vollkommenheit und der Eingebung sind sich gleich,
außer daß die Eingebung oft eine Anweisung zum Handeln ist.
Viele Leute glauben, daß ihre Eingebung sie zu dem bringt, was sie wollen und was sie brauchen, wenn sie sich dem Schicksal überlassen.
Doch die Eingebung ist eigentlich bloß der Wegweiser zum nächsten Ding
und kann das sein, was wir Erfolg oder Mißerfolg nennen.
Die schlechten Bilder müssen gemalt werden,
und für den Künstler sind sie wertvoller als jene Bilder, die später an die Öffentlichkeit gelangen.
Ein Kunstwerk ist erfolgreich, wenn es eine Andeutung von Vollkommenheit liefert –
bei der geringsten Andeutung… ist das Werk lebendig.
Das Leben des Werks hängt vom Betrachter ab, entsprechend seiner eigenen Erkenntnis von Vollkommenheit und Eingebung.
Die Verantwortung für die Reaktion auf die Kunst liegt nicht beim Künstler.
Sich zuversichtlich und erfolgreich zu fühlen, ist für den Künstler unüblich.
Sich unzulänglich fühlen,
im Warten auf die Eingebung Enttäuschung und Niederlage erleben,
ist der natürliche Geisteszustand eines Künstlers.
Darum bringt Lob die meisten Künstler ein bißchen in Verlegenheit.
Sie können sich die Eingebung nicht als Verdienst anrechnen lassen,
denn wir können vollkommen sehen, doch nicht vollkommen handeln.
Viele Künstler führen ein geselliges Leben, ohne daß dies ihren Geist stört,
doch andere müssen die inneren, geistigen Erfahrungen leben – eine einsame Art zu leben.

The Untroubled Mind

People think that painting is about color
It's mostly composition
It's composition that's the whole thing
The classic image –
Two late Tang dishes, one with a flower image,
one empty – the empty form goes all the way to heaven
It is the classic form – lighter weight
My work is anti-nature
The four-story mountain
You will not think form, space, line, contour
Just a suggestion of nature gives weight
light and heavy
light like a feather
you get light enough and you levitate
When I say it's alive, it's inspired
alive
Inspiration and life are equivalents and they come from
outside
Beauty is pervasive
inspiration is pervasive
We say this rose is beautiful
and when this rose is destroyed then we have lost something
so that beauty has been lost
When the rose is destroyed we grieve
but really beauty is unattached
and a clear mind sees it
The rose represents nature
but it isn't the rose
beauty is unattached, it's inspiration – it's inspiration
The development of sensibility, the response to beauty
In early childhood, when the mind is untroubled, is when
inspiration is most possible
The little child just sitting in the snow

The education of children – social development is contradictory
to aesthetic development
Nature is conquest, possession, eating, sleeping, procreation
It is not aesthetic, not the kind of inspiration I'm interested in
Nature is the wheel
When you get off the wheel you're looking out
You stand with your back to the turmoil
You never rest with nature, it's a hungry thing
Every animal that you meet is hungry
Not that I don't believe in eating
but I just want to make the distinction between
art and eating
This painting I like because you can get in there and rest
The satisfaction of appetite happens to be impossible
The satisfaction of appetite is frustrating
So it's always better to be a little bit hungry
That way you contradict the necessity
Not that I'm for asceticism
but the absolute trick in life is to find rest
If there's life in the composition it stimulates your life moments,
your happy moments, your brain is stimulated
Saint Augustine says that milk doesn't come from the mother
I painted a painting called *Milk River*
Cows don't give milk if they don't have grass and water
Tremendous meaning of that is that painters can't give
anything to the observer
People get what they need from a painting
The painter need not die because of responsibility
When you have inspiration and represent inspiration
The observer makes the painting
The painter has no responsibility to stimulate his needs
It's all an enormous process
No suffering is unnecessary
All of it is only enlightening, this is life
Asceticism is a mistake
sought out suffering is a mistake
but what comes to you free is enlightening
I used to paint mountains here in New Mexico and I thought
my mountains looked like ant hills

I saw the plains driving out of New Mexico and I thought
the plain had it
just the plane
If you draw a diagonal, that's loose at both ends
I don't like circles – too expanding
When I draw horizontals
you see this big plane and you have certain feelings like
you're expanding over the plane
Anything can be painted without representation
I don't believe in influence
unless it's you, yourself following your own track
Why, you'd never get anywhere
I don't believe in the eclectic
I believe in the recurrence
That this is a return to classicism
Classicism is not about people
and this work is not about the world
We called Greek classicism Idealism
Idealism sounds like something you can strive for
They didn't strive for idealism at all
Just follow what Plato has to say
Classicists are people that look out with their back to the world
It represents something that isn't possible in the world
More perfection than is possible in the world
It's as unsubjective as possible
The ideal in America is the natural man
The conqueror, the one that can accumulate
The one who overcomes disadvantages, strength, courage
Whereas inspiration, classical art depends on inspiration
The Sylphides – I depend on the muses
Muses come and help me now
It exists in the mind
Before it's represented on paper it exists in the mind
The point – it doesn't exist in the world
The classic is cool
a classical period
it is cool because it is impersonal
the detached and impersonal
If a person goes walking in the mountains that is not detached

and impersonal, he's just looking back
Being detached and impersonal is related to freedom
That's the answer for inspiration
The untroubled mind
Plato says that all that exists are shadows
To a detached person the complication of the involved life
is like chaos
If you don't like the chaos you're a classicist
If you like it you're a romanticist
Someone said all human emotion is an idea
Painting is not about ideas or personal emotion
When I was painting in New York I was not so clear about that
Now I'm very clear that the object is freedom
not political freedom, which is the echo
not freedom from social mores
freedom from mastery and slavery
freedom from what's dragging you down
freedom from right and wrong
In Genesis Eve ate the apple of knowledge
of good and evil
When you give up the idea of right and wrong
you don't get anything
What you do is get rid of everything
freedom from ideas and responsibility
If you live by inspiration then you do what comes to you
you can't live the moral life, you have to obey destiny
you can't live the inspired life and live the conventions
you can't make promises
The future's a blank page
I pretended I was looking at the blank page
I used to look in my mind for the unwritten page
if my mind was empty enough I could see it
I didn't paint the plane
I just drew this horizontal line
Then I found out about all the other lines
But I realized what I liked was the horizontal line
Then I painted the two rectangles
correct composition
if they're just right

You can't get away from what you have to do
They arrive at an interior balance
like there shouldn't need to be anything added
People see a color that's not there
our responses are stimulated
I'm painting them for direct light
With these rectangles I didn't know at the time exactly why
I painted those rectangles
From Isaiah, about inspiration
"Surely the people is grass"
You go down to the river
you're just like me
an orange leaf is floating
you're just like me
Then I drew all those rectangles
All the people were like those rectangles
they are just like grass
That's the way to freedom
If you can imagine you're a grain of sand
you know the rock ages
If you imagine that you're a rock
rock of ages cleft from me
let me hide myself in thee
You don't have to worry
if you can imagine that you're a rock
all your troubles fall away
It's consolation
Sand is better
You're so much smaller as a grain of sand
We are so much less
These paintings are about freedom from the cares of this world
from wordliness
Not religion
You don't have to be religious to have inspirations
Senility is looking back with nostalgia
senility is lack of inspiration in life
Art restimulates inspirations and awakens sensibilities
that's the function of art
A boy whenever he had a problem

he called this rock up out of the mud
he turned into a rock
he summoned a vision of quiet
The idea is independence and solitude
nothing religious in my retirement
religion from my point of view
it's about this grass
The grass enjoyed it when the wind blew
It really enjoyed the wind leaning this way and that
So the grass thought the wind is a great comfort
besides that it blows the clouds here which make rain
In fact we owe all our self being to the wind
We should tell the wind our gratitude
perhaps if we fall down and abase ourselves
We can get more – we can avoid suffering
That's religion
solitude and independence for a free mind
Nothing that happens in your life makes inspiration
When your eyes are open
you see beauty in anything
Blake's right about there's no difference
between the whole thing
and one thing
Freedom from suffering
suffering is necessary for freedom from suffering
First you have to find out about what you're suffering from
My painting is about impotence
We are ineffectual
In a big picture a blade of grass amounts to not very much
Worries fall off you when you can believe that
pride is in abeyance when you think that
One thing I've got a good grip on is remorse
The whole wave
it applies to life, the wave
As it was in the beginning, there was no division
and no separation
Don't look at the stars
Then your mind goes freely – way, way beyond
Look between the rain

the drops are insular
Try to remember before you were born
The conqueror will fight with you
if there's no one else around
I am constantly tempted to think that I can help save myself
by looking into my mind I can see what's there
by bringing thoughts to the surface of my mind I can watch
them dissolve
I can see my ego and see its intentions
I can see that it is the same as all nature
I can see that it is myself and impotent like all nature
impotent in the process of dissolution of ego, of itself
I can see that its main intention is the conquest and destruction
of ego, of self
and can only go back and forth in constant battle with itself
repeating itself
It would be an endless battle if it were all up to ego
because it does not destroy and is not destroyed by itself
It is like a wave
it makes itself up, it rushes forward getting nowhere really
it crashes, withdraws and makes itself up again
pulls itself together with pride
towers with pride
rushes forward into imaginary conquest
crashes in frustration
withdraws with remorse and repentance
pulls itself together with new resolution
Individually and collectively the same
children trained in pride and patriotism
towering in national spirit
charging in conquest
Victory and defeat and frustration
withdrawing and repentance
then once more pride
the wheel of life
pride
conquest
Victory defeat frustration
remorse repentance

resolution
pride
More people at an earlier age see the conqueror in themselves
then see the way out in another process
the real defeat of ego in which we have no part
The dissolution of ego in reality as it was in the beginning
as it was before we were separate and insular
the process we call destiny
in which we are the material to be dissolved
We eat
We procreate
We die
We can see the process and recognize suffering as the defeat of
ego by the process of destiny
We can relinquish pride, conquest, remorse and resolution
inevitably as destiny unfolds
Cradled on the mountain I can rest
Solitude and freedom are the same
under every fallen leaf
Others do not really exist in solitude, I do not exist
no thinking of others even when they are there, no interruption
a mystic and a solitary person are the same
Night, shelterless, wandering
I, like the deer, looked
finding less and less
living is grazing
memory is chewing cud
wandering away from everything
giving up everything
not me anymore, any of it
retired ego, wandering
on the mountain
no more conquests, no longer an enemy to anyone
ego retired, wandering
no longer a friend, master, slave
all the opposites dead to the world and himself unresponsible
perhaps I can now really enjoy sailing
adventure in the dark
very exciting

Beast seems to be stretched out dead
He is very mild
I will not be seeking adventure but it might happen I suppose
Inspired action is destiny
our feet are in the paths of righteousness
the paths that our feet take are marked
As the river runs to the sea
and the plant grows to the sun
so do we flow and grow and exist
Ecstasy playing with Sylphides angels
As long as I look in my mind and see nothing at all
The Sylphides have the beast captured and are grooming him
very pleasant sun, that is what destiny is like
it is like grooming
The idea
the sudden realization of the destruction of innocence by ego
In solitude there is consolation
thinking of others and myself, even plants
I am immediately apprehensive
because my solitude has been interrupted
solitude, inspiration
Westward down the mountain
I am nothing absolutely
There is this other thing going on
the purification of reality
that is all that is happening
all that happens is that process
not nature, the dissolution of nature
The error is in thinking we have
a part to play in the process
As long as we think that, we are in resistance
I can see that I have nothing to do with the process
It is very pleasant
The all of all, reality, mind
the process of destiny
like the ocean full to the brim
like a dignified journey with no trouble and no goal on and on
Solitude
other than nature

smiling
Everyone is chosen and everyone knows it
including animals and plants
There is only the all of the all
everything is that
every infinitesimal thought and action is part and parcel of a wonderful victory
"freedom on the mountain, a glimpse of victory"
We seem to be winning and losing,
but in reality there is no losing
The wiggle of a worm as important as the assassination of a president

Der ungetrübte Geist

Die Leute denken, in der Malerei gehe es um Farbe
Es geht hauptsächlich um Komposition
Komposition ist alles
Das klassische Bild –
Zwei späte Tang-Schalen, eine mit dem Bild einer Blume,
die andere leer – die leere Form geht direkt in den Himmel
Es ist die klassische Form – leichteres Gewicht
Meine Arbeit ist Anti-Natur
Der vierstöckige Berg
Du denkst weder an Form, Raum, Linie noch Umriß
Eine bloße Andeutung von Natur gibt Gewicht
leicht und schwer
leicht wie eine Feder
du wirst leicht genug und du schwebst
Wenn ich sage, es ist lebendig, heißt dies, es ist inspiriert
lebendig
Eingebung und Leben sind gleichwertig, und sie kommen von draußen
Schönheit durchdringt alles
Eingebung durchdringt alles
Wir sagen: »Diese Rose ist schön.«
Und wenn diese Rose zerstört ist, haben wir etwas verloren
dann ist diese Schönheit verloren
Wenn die Rose zerstört ist, sind wir traurig
doch in Wirklichkeit ist die Schönheit an nichts gebunden
und ein klarer Geist sieht sie
Die Rose stellt Natur dar
aber sie ist nicht die Rose
Schönheit ist ungebunden, sie ist Eingebung – Eingebung
Die Entwicklung der Sensibilität, die Antwort auf Schönheit
In der frühen Kindheit, wenn der Geist noch unbelastet ist,
dann ist Eingebung am ehesten möglich
Das kleine Kind, das einfach im Schnee sitzt

Die Erziehung der Kinder – gesellschaftliche Entwicklung steht im Widerspruch zur ästhetischen Entwicklung
Natur ist Eroberung, Besitznahme, Essen, Schlafen, Vermehrung
Sie ist nicht ästhetisch, nicht die Art von Eingebung, an der ich interessiert bin
Natur ist der Kreislauf
Wenn du aus dem Kreislauf trittst, hältst du Umschau
Du stehst mit dem Rücken zum Chaos
Die Natur läßt dir keine Ruhe, sie ist ein hungriges Ding
Jedes Tier, das du triffst, ist hungrig
Nicht, daß ich nicht ans Essen glaube
Ich will bloß einen Unterschied machen
zwischen Kunst und Essen
Dieses Bild mag ich, weil du in es hineingehen und darin ausruhen kannst
Die Befriedigung des Appetits erweist sich als unmöglich
Die Befriedigung des Appetits ist enttäuschend
Also ist es stets besser, ein wenig hungrig zu sein
Auf diese Weise widersprichst du der Notwendigkeit
Nicht daß ich für Askese wäre
aber das Hauptkunststück im Leben ist, Ruhe zu finden
Wenn es in der Komposition Leben gibt, so regt es deine lebendigen Augenblicke, deine glücklichen Augenblicke an, dein Gehirn wird angeregt
Der heilige Augustin sagt, Milch komme nicht von der Mutter
Ich malte ein Bild mit dem Titel *Milk River*
Kühe geben keine Milch, wenn sie kein Gras und Wasser haben
Die ungeheure Bedeutung davon ist, daß Maler dem Betrachter nichts geben können
Die Leute bekommen vom Bild, was sie brauchen
Der Maler muß nicht aus Verantwortungsgefühl sterben
Wenn du Eingebung erfährst und Eingebung darstellst,
so macht der Betrachter das Bild
Der Maler ist nicht verpflichtet, seine Bedürfnisse anzuregen
Es ist alles ein großer Prozeß
Kein Leiden ist unnötig
Alles ist nur Erleuchtung, das ist das Leben
Askese ist ein Fehler
das Suchen nach Leiden ist ein Fehler

aber was von selber zu dir kommt, ist Erleuchtung
Hier in New Mexico malte ich früher Berge, und ich dachte, meine Berge schauten wie Ameisenhügel aus
Als ich aus den Bergen New Mexicos hinausfuhr, sah ich die Ebene, und ich dachte: das ist es
nur die Fläche
Wenn du eine Diagonale ziehst, die an beiden Enden ins Leere verläuft
Ich mag Kreise nicht, sie breiten sich zu sehr aus
Wenn ich Horizontalen ziehe,
siehst du diese große Ebene, und du hast ein Gefühl,
wie wenn du dich über die Fläche ausbreiten würdest
Alles kann gemalt werden, ohne dargestellt zu werden
Ich glaube nicht an Einfluß
außer du bist es, du selber auf deinem eigenen Weg
Anders würdest du nirgendwohin gelangen
Ich glaube nicht an das Eklektische
Ich glaube an die Wiederkehr
Daß dies eine Rückkehr zur Klassik ist
Die Klassik handelt nicht von Menschen
und dieses Werk handelt nicht von der Welt
Wir nannten die griechische Klassik Idealismus
Idealismus tönt wie etwas, um das du dich bemühen kannst
Sie bemühten sich überhaupt nicht um den Idealismus
Folge nur dem, was Plato zu sagen hat
Klassiker sind Leute, die mit dem Rücken zur Welt Ausschau halten.
Es stellt etwas dar, was in der Welt nicht möglich ist
Höhere Vollendung als in der Welt möglich ist
Sie ist so unsubjektiv wie möglich
Das Ideal in Amerika ist der natürliche Mensch
der Eroberer, derjenige, der Dinge anhäufen kann
derjenige, der Nachteile überwindet, Kraft, Mut
Dagegen die Eingebung
klassische Kunst ist abhängig von Eingebung
Die Sylphiden – ich bin von den Musen abhängig
Musen kommen und helfen mir jetzt
Er existiert im Geist
bevor er auf Papier dargestellt ist, existiert er im Geist

Der Punkt – er existiert in der Welt nicht
Das Klassische ist kühl
ein klassisches Zeitalter
Es ist kühl, weil es unpersönlich ist
Das Unabhängige und Unpersönliche
Wenn jemand in den Bergen wandert, der nicht unabhängig und unpersönlich ist, schaut er nur zurück
Unabhängig und unpersönlich zu sein,
ist mit Freiheit verbunden
Das ist die Antwort auf die Eingebung
Der ungetrübte Geist
Platon sagt, daß alles, was existiert, Schatten sind
Für eine unabhängige Person ist das Komplizierte des Lebens wie Chaos
Wenn du das Chaos nicht magst, bist du ein Klassiker
Wenn du es magst, bist du ein Romantiker
Jemand sagte, alle menschlichen Gefühle seien eine Idee
Malerei handelt nicht von Ideen oder persönlichem Gefühl
Als ich in New York malte, war ich mir darüber nicht so klar
Nun bin ich mir sehr klar darüber,
daß der Gegenstand Freiheit ist
nicht politische Freiheit, die nur ein Echo ist
nicht Freiheit von gesellschaftlichen Manieren
Freiheit von Herrschaft und Sklaventum
Freiheit von dem, was dich hinabzieht
Freiheit von richtig und falsch
In der Schöpfungsgeschichte aß Eva den Apfel der Erkenntnis von Gut und Böse
Wenn du den Gedanken von richtig und falsch aufgibst,
bekommst du nichts
Was du tust, ist alles loswerden
Freiheit von Gedanken und Verantwortung
Wenn du aus der Eingebung lebst, dann machst du, was auf dich zukommt
du kannst das moralische Leben nicht leben, du mußt dem Schicksal gehorchen
du kannst nicht das inspirierte Leben und die Konventionen gleichzeitig leben
du kannst keine Versprechungen machen

Die Zukunft ist ein leeres Blatt
Ich gab vor, ich schaute auf das leere Blatt
Ich suchte in meinem Geist nach dem unbeschriebenen Blatt
wenn mein Geist leer genug war, so konnte ich es sehen
Ich malte die Fläche nicht
Ich zog nur diese horizontale Linie
Dann lernte ich alle anderen Linien kennen
Doch ich merkte, was ich mochte, war die horizontale Linie
Dann malte ich die zwei Rechtecke
korrekte Komposition
wenn sie gerade richtig sind
Du kannst von dem, was du tun mußt, nicht weglaufen
Sie erreichen ein inneres Gleichgewicht
so wie wenn nichts mehr hinzugefügt werden müßte
Die Leute sehen eine Farbe, die nicht da ist
unsere Reaktionen werden angeregt
Ich male sie für direktes Licht
Diese Rechtecke – ich wußte damals nicht genau, weshalb ich diese Rechtecke malte
Aus Jesaja, über Eingebung:
»Ja, Gras ist das Volk.«
Du gehst zum Fluß hinunter
du bist wie ich
Ein orangefarbenes Blatt schwimmt auf dem Wasser
du bist wie ich
Dann zeichnete ich alle diese Rechtecke
Alle Leute waren wie diese Rechtecke
sie sind wie Gras
Das ist der Weg zur Freiheit
Wenn du dir vorstellen kannst, du seist ein Sandkorn,
kennst du das Alter der Steine
Wenn du dir vorstellst, du seist ein Stein
uralter Stein, von mir abgespalten,
laß mich bei dir Schutz suchen
Du brauchst dich nicht zu sorgen
wenn du dir vorstellen kannst, du seist ein Stein,
verschwinden alle deine Sorgen
Das ist Trost
Sand ist besser

Du bist so viel kleiner, wenn du ein Sandkorn bist
Wir sind so viel weniger
Diese Bilder handeln von Freiheit von den Sorgen dieser Welt,
von der Weltlichkeit
Keine Religion
Du mußt nicht religiös sein, um Eingebung zu erfahren
Senilität ist, wenn du nostalgisch zurückblickst
Senilität ist mangelnde Eingebung im Leben
Kunst regt Eingebung wieder an und erweckt Sensibilität
das ist die Funktion der Kunst
Ein Junge wandte sich, wenn er ein Problem hatte,
stets an diesen Stein im Schlamm
Er verwandelte sich in einen Stein
er beschwor eine Vision der Ruhe
Es ist der Gedanke der Unabhängigkeit und der Einsamkeit
nichts Religiöses liegt in meiner Zurückgezogenheit
Religion aus meiner Sicht
sie handelt von diesem Gras
Das Gras genoß es, wenn der Wind blies
Es genoß es wirklich, wenn der Wind in diese und jene Richtung
wehte
Das Gras dachte dann: der Wind ist ein großer Trost
außerdem bläst er die Wolken her, und das bringt Regen
Tatsächlich schulden wir unser ganzes Sein dem Wind
Wir sollten dem Wind unsere Dankbarkeit abstatten
vielleicht indem wir zu Boden fallen und uns erniedrigen
Wir können mehr bekommen – wir können Leiden vermeiden
Das ist Religion
Einsamkeit und Unabhängigkeit für einen freien Geist.
Nichts, was in deinem Leben geschieht, schafft Eingebung
Wenn deine Augen offen sind
siehst du Schönheit in allem
Blake hat recht, wenn er sagt, es gebe keinen Unterschied
zwischen dem Ganzen
und einem einzelnen Ding
Freiheit vom Leiden
Leiden ist notwendig für die Freiheit vom Leiden
Erst mußt du herausfinden, worunter du leidest
Meine Malerei handelt von Kraftlosigkeit

Wir sind unfähig
Auf einem großen Bild gibt ein Grashalm nicht viel her
Sorgen fallen weg, wenn du das glauben kannst
Hochmut gerät ins Wanken, wenn du das denkst
Etwas, womit ich mich gut vertrage, ist die Reue
Die ganze Welle
sie paßt zum Leben, die Welle
So wie es am Anfang war, es gab keine Aufteilung
und keine Trennung
Schau nicht zu den Sternen
Dann bewegt sich dein Geist frei – weit, weit darüberhinaus
Schau zwischen den Regentropfen hindurch
die Tropfen sind isoliert
Versuche dich an die Zeit zu erinnern, bevor du geboren warst
der Eroberer wird mit dir kämpfen
wenn niemand anders da ist
Ich bin stets versucht zu denken, daß ich dazu beitragen kann, mich zu retten
indem ich in mein Inneres schaue, kann ich sehen, was da ist
indem ich Gedanken an die Oberfläche meines Geistes bringe, kann ich zusehen, wie sie sich auflösen
Ich kann mein Ego und seine Absichten sehen
Ich kann sehen, daß es dasselbe ist wie die übrige Natur
Ich kann sehen, daß ich es selber bin und daß es kraftlos ist
wie die übrige Natur
kraftlos im Prozeß der Auflösung des Ego und seiner selbst
Ich kann sehen, daß seine Hauptabsicht die Eroberung und Zerstörung des Ego, des Selbst ist
und daß es nur zurück- und vorwärtsgehen kann im ständigen Gefecht mit sich selbst,
indem es sich selbst wiederholt
Es wäre ein endloser Kampf, wenn alles am Ego läge
weil es nicht zerstört und von sich selber nicht zerstört wird
Es ist wie eine Welle
es stellt sich auf, es stürzt vorwärts und kommt nirgends wirklich hin
es überschlägt sich, zieht sich zurück und stellt sich wieder auf
es zieht sich voller Hochmut zusammen
erhebt sich voller Hochmut

stürzt vorwärts in eine imaginäre Eroberung
zerschmettert in Enttäuschung
zieht sich mit Gewissensbissen und reuig zurück
zieht sich mit neuer Entschlossenheit zusammen
Einzeln und gemeinsam dasselbe
Kinder geübt in Hochmut und Patriotismus
erheben sich im Nationalgeist
greifen als Eroberer an
Sieg und Niederlage und Enttäuschung
Rückzug und Reue
dann erneut Hochmut
das Lebensrad
Hochmut
Eroberung
Sieg Niederlage Enttäuschung
Gewissensbisse Reue
Entschlossenheit
Hochmut
Mehr Leute sehen in jüngeren Jahren den Eroberer in sich
dann sehen sie den Ausweg zu einem anderen Prozeß
die wirkliche Niederlage des Ego, an der wir nicht beteiligt sind
Die Auflösung des Ego in Wirklichkeit, so wie es am Anfang war
wie es war, bevor wir voneinander getrennt
und auf uns beschränkt waren
der Vorgang, den wir Schicksal nennen
in dem wir der Stoff sind, der aufgelöst wird
Wir essen
Wir vermehren uns
Wir sterben
Wir können den Prozeß sehen und das Leiden als die Niederlage des Ego im Schicksalsprozeß erkennen
Wir können Hochmut, Eroberung, Reue und Entschlossenheit aufgeben
unvermeidlich, wie sich das Schicksal entfaltet
Vom Berg geborgen kann ich ruhen
Einsamkeit und Freiheit sind dasselbe
unter jedem gefallenen Blatt
Andere existieren in der Einsamkeit nicht wirklich
Ich existiere nicht

nicht an andere denken, sogar wenn sie da sind
keine Unterbrechung
eine mystische und eine einsame Person sind dasselbe
Nacht, schutzlos, umherschweifend
Wie der Hirsch schaute ich
und fand weniger und weniger
Leben ist Grasen
Erinnerung ist Wiederkäuen
umherschweifen, von allem weg
alles aufgeben
nicht mehr ich, irgend etwas davon
zurückgezogenes Ego, umherschweifend
auf dem Berg
keine Eroberungen mehr
nicht länger jemandes Feind
zurückgezogenes Ego, umherschweifend
nicht länger Freund, Meister, Sklave
alle Gegensätze tot für die Welt und selber unverantwortlich
vielleicht kann ich jetzt das Segeln wirklich genießen
Abenteuer im Dunkel
sehr aufregend
Das Tier scheint tot dazuliegen
Es ist ganz sanft
Ich werde das Abenteuer nicht suchen, doch es kann geschehen,
nehme ich an
Inspiriertes Handeln ist Schicksal
unsere Füße sind auf dem Pfad der Rechtschaffenheit
der Pfad, den unsere Füße nehmen, ist vorgezeichnet
Wie der Fluß ins Meer fließt
und die Pflanze auf die Sonne zuwächst
so fließen und wachsen und existieren wir
Ekstase, mit Sylphiden, Engeln spielen
So lange, wie ich in mein Inneres schaue und überhaupt nichts
sehe
Die Sylphiden haben das Tier gefangen und pflegen es
sehr angenehme Sonne, so ist das Schicksal
es ist wie Pflege
Der Gedanke – die plötzliche Wahrnehmung der Zerstörung der
Unschuld durch das Ego

In der Einsamkeit liegt Trost
an andere und an mich selber denken, sogar an Pflanzen
Ich bin sofort besorgt
weil meine Einsamkeit unterbrochen wurde
Einsamkeit, Eingebung
Westwärts den Berg hinunter
Ich bin nichts, absolut
Diese andere Sache geht vor sich
die Reinigung der Wirklichkeit
das ist alles, was geschieht
alles, was geschieht, ist dieser Vorgang
nicht Natur
die Auflösung der Natur
der Irrtum liegt darin, zu denken, wir seien
an diesem Vorgang beteiligt
Solange wir so denken, leisten wir Widerstand
Ich kann sehen, daß ich mit dem Vorgang nichts zu tun habe
Es ist sehr angenehm
Alles von allem, Wirklichkeit, Geist
der Vorgang des Schicksals
wie der Ozean randvoll
wie eine würdige Reise ohne Sorge und Ziel immer weiter
Einsamkeit
verschieden von der Natur
Lächeln
Ein jeder ist auserwählt, und jeder weiß es
darin eingeschlossen Tiere und Pflanzen
Es gibt nur alles von allem
alles ist das
jeder unendlich kleine Gedanke und jede Handlung ist
wesentlicher Bestandteil eines wunderbaren Sieges
»Freiheit auf dem Berg, ein flüchtiger Blick auf den Sieg«
Wir scheinen zu gewinnen und zu verlieren,
aber in Wirklichkeit gibt es kein Verlieren
Die Bewegungen eines Wurms sind so wichtig wie die
Ermordung eines Präsidenten

Willie Stories

When they were draggin' Willie through the river Lethe he practically drowned the devils all three. When he got to the other side he saw the iron mountains there – solid iron, you know.
There's a big fire in the middle of the mountain, you know.
Willie saw the damned there.
Willie took one look at the damned.
He jumped right in the middle of the fire.
The devils called: "Come out, you're not supposed to do that."
They could see him sitting in there.
They came back, and he was still sitting in there, a glowing outline,
and on the third day he came out
and he was immune to the flames
and he walked right up to satan's office
and he signed up to be a devil.

Willie was very fond of his mother when he was little. He prayed to God and said: "Please God I want to love my mother with my whole heart and soul. And I want everything to be like it is now."
And God answered: "Okay Willie."
Then Willie met this beautiful woman.
"As a matter of fact I want you to change that, I want you to make it that I love my wife."
"Okay Willie."
And Willie had a son.
And he says: "I want that changed."
And God said to the angels: "Take care of Willie."
And the angels said: "What are we going to do with these human beings they all want the same thing and want it changed?"
And God says: "Arrange it that way. Everything stays the same and everything changes. What is in the world is really opposites."

Geschichten von Willie

Als sie Willie durch den Fluß Lethe zogen, ertränkte er beinahe die Teufel alle drei. Als er am anderen Ufer ankam, sah er die eisernen Berge, Berge aus massivem Eisen.
Inmitten des Berges lodert ein großes Feuer.
Willie sah die Verdammten darin.
Willie warf einen Blick auf die Verdammten und sprang mitten ins Feuer hinein.
Die Teufel riefen: »Komm heraus, das solltest du nicht tun.«
Sie sahen ihn im Feuer drin sitzen.
Sie kamen zurück, und er saß immer noch drin, ein glühender Umriß.
Und am dritten Tag kam er heraus, und er war gefeit gegen die Flammen, und er marschierte direkt zum Büro des Satans, und er verpflichtete sich als Teufel.

Willie liebte seine Mutter sehr, als er klein war. Er betete zu Gott und sagte: »Bitte, lieber Gott, ich will meine Mutter von ganzem Herzen und mit meiner ganzen Seele lieben. Und ich will, daß alles so bleibt, wie es ist.«
Und der liebe Gott antwortete: »In Ordnung, Willie.«
Dann traf Willie eine schöne Frau.
»Eigentlich möchte ich, daß du das änderst. Ich möchte, daß du machst, daß ich meine Frau liebe.«
»In Ordnung, Willie.«
Und Willie hatte einen Sohn.
Und er sagt: »Ich möchte, daß du das änderst.«
Und Gott sagte zu den Engeln: »Paßt auf Willie auf.«
Und die Engel sagten: »Was sollen wir mit diesen Menschen tun: sie wollen, daß alles gleich bleibt, und wollen es dann geändert haben.«
Und Gott sagte: »Macht es so: alles bleibt dasselbe, und alles ändert sich. Was in der Welt ist, ist gegensätzlich.«

Parable of the Equal Hearts

Once there were two lovers that had equal hearts.
One would pursue one,
the other would pursue the other.
Then the angels looked down and said:
"What a waste", and made them perceive each other.
Their hearts melted into one.
They had no use for the world
so they leaped into the swift river.
This heart was always restless
and the only place where it had any rest at all was on the beach.
But even on the beach one said:
"I wish we'd never been made one."
And immediately one half flew up in the sky
and the other half into the sea.
But they yearned for each other.
And when it rained the one in the sea said:
"This is a message from my other half in the sky."
And when the water was evaporated from the ocean and rose up, the other said:
"This is a message from my other half in the sea."
The angels were stumped.
There's one thing that God is not able to endure –
a suffering heart.
He felt one half in the sky and one half in the sea.
God thought what to do.
So the one in the sky fell down into the sea
and immediately both turned to sea water.
Ever since that time when the water is drawn up from the sea
and it rains this is not an ordinary rain. It's the rain that affects
people and softens them. I painted a painting called *This Rain*.

Gleichnis von den zueinander passenden Herzen

Es waren einmal zwei Liebende, die hatten zueinander passende Herzen.
Der eine verfolgte den einen, der andere verfolgte den anderen.
Da sahen die Engel auf die Erde herab und sagten: »Was für eine Verschwendung!« und sorgten dafür, daß sie einander fanden.
Ihre Herzen verschmolzen in ein einziges.
Sie brauchten die Welt nicht mehr, und so sprangen sie in den schnellen Fluß. Ihr Herz war stets rastlos, und der einzige Ort, an dem es etwas Ruhe fand, war der Strand. Aber sogar am Strand sagte einer von beiden: »Ich wünschte, man hätte aus uns nie eins gemacht.«
Und unverzüglich flog eine Hälfte in den Himmel hinauf und die andere Hälfte auf den Meeresgrund.
Doch sie sehnten sich nach einander, und wenn es regnete, sagte der eine im Meer: »Das ist eine Botschaft von meiner anderen Hälfte im Himmel.«
Und wenn das Wasser aus dem Ozean verdunstete und aufstieg, sagte der andere: »Das ist eine Botschaft von meiner anderen Hälfte im Meer.«
Die Engel waren verblüfft.
Es gibt etwas, was Gott nicht aushalten kann – ein leidendes Herz. Er hatte Mitleid mit der einen Hälfte im Himmel und der anderen Hälfte im Meer. Gott dachte nach, was zu tun sei.
So fiel die eine Hälfte vom Himmel ins Meer hinab, und sofort wurden beide Hälften zu Meerwasser.
Und wenn seither das Wasser vom Meer aufsteigt und es regnet, ist dies kein gewöhnlicher Regen. Es ist der Regen, der die Leute ergreift und sie mild macht. Ich malte ein Bild, das heißt *This Rain*.

LECTURE AT CORNELL UNIVERSITY

I want to talk to you about "the work", art work.
I will speak of inspiration, the studio, viewing art work, friends of art, and artists' temperaments.
But your interest and mine is really "the work" – works of art.
Art work is very important in the way that I will try to show when I speak about inspiration.
I have sometimes put myself ahead of my work in my mind and have suffered in consequence.
I thought me, me; and I suffered.
I thought I was important. I was taught to think that. I was taught: "You are important; people are important beyond anything else."
But thinking that I suffered very much.
I thought that I was big and "the work" was small. It is not possible to go on that way. To think I am big is the work is big. The position of pride is not possible either.
And to think I am small and the work is small, the position of modesty, is not possible.
I will go on to inspiration and perhaps you will see what is possible.
As I describe inspiration I do not want you to think I am speaking of religion.
That which takes us by surprise – moments of happiness – that is inspiration. Inspiration which is different from daily care.
Many people as adults are so startled by inspiration which is different from daily care that they think they are unique in having had it. Nothing could be further from the truth.
Inspiration is there all the time.
For everyone whose mind is not clouded over with thoughts whether they realize it or not.
Most people have no realization whatever of the moments in which they are inspired.

Inspiration is pervasive but not a power.
It's a peaceful thing.
It is a consolation even to plants and animals.
Do not think that it is unique.
If it were unique no one would be able to respond to your work.
Do not think it is reserved for a few or anything like that.
It is an untroubled mind.
Of course we know that an untroubled state of mind cannot last. So we say that inspiration comes and goes but really it is there all the time waiting for us to be untroubled again. We can therefore say that it is pervasive. Young children are more untroubled than adults and have many more inspirations. All the moments of inspiration added together make what we call sensibility. The development of sensibility is the most important thing for children and adults but is much more possible in children. In adults it would be more accurate to say that the awakening to their sensibility is the most important thing. Some parents put the development of social mores ahead of aesthetic development. Small children are taken to the park for social play; sent to nursery school and headstart. But the little child sitting alone, perhaps even neglected and forgotten, is the one open to inspiration and the development of sensibility.

Vortrag an der Cornell University

Ich will zu euch über »das Werk«, das Kunstwerk sprechen.
Ich werde von der Eingebung, dem Atelier, dem Betrachten von Kunstwerken, Kunstfreunden und dem Künstlertemperament sprechen.
Doch euer Interesse und auch das meine ist wirklich »das Werk« – Kunstwerke.
Das Kunstwerk ist sehr wichtig hinsichtlich dessen, was ich zu zeigen versuche, wenn ich von der Eingebung spreche.
Manchmal habe ich mich in meiner Vorstellung selber vor mein Werk gestellt und dann leiden müssen.
Ich dachte: »Ich, ich«, und ich litt.
Ich dachte, ich sei wichtig. Man hatte mich gelehrt, so zu denken. Man hatte mich gelehrt: »Du bist wichtig; Menschen sind wichtiger als alles andere.«
Doch als ich so dachte, litt ich sehr.
Ich dachte, ich sei groß und »das Werk« sei klein. Es ist nicht möglich, auf diesem Weg vorwärtszugehen. Zu denken, »Ich bin groß«, heißt, »Das Werk ist groß«. Die Position des Hochmuts ist ebenfalls unmöglich.
Und zu denken, »Ich bin klein, und das Werk ist klein«, die Position der Bescheidenheit, ist unmöglich.
Ich gehe weiter zur Eingebung, und vielleicht werdet ihr sehen, was möglich ist.
Wenn ich die Eingebung beschreibe, will ich nicht, daß ihr denkt, ich spreche von Religion.
Das, was uns überrumpelt – Augenblicke von Glück –, ist Eingebung. Eingebung, die sich von täglicher Sorge unterscheidet. Viele Erwachsene sind von der Eingebung, die sich von den Alltagssorgen unterscheidet, so bestürzt, daß sie denken, sie seien einzigartig darin, sie erfahren zu haben. Nichts könnte weiter von der Wahrheit entfernt sein. Eingebung ist immer da. Für einen jeden, dessen Geist nicht von Gedanken umwölkt ist, ob er es wahrnimmt oder nicht.

Die meisten Leute nehmen die Augenblicke, in denen sie Eingebung erfahren, gar nicht wahr.
Eingebung durchdringt alles, aber sie ist keine Macht.
Sie ist etwas Friedliches.
Sie ist sogar Trost für Pflanzen und Tiere.
Glaubt nicht, daß sie einzigartig ist.
Wäre sie einzigartig, so wäre niemand in der Lage, auf euer Werk zu reagieren.
Glaubt nicht, sie sei für ein paar wenige bestimmt, oder irgend so etwas.
Sie ist im ungetrübten Geist.
Natürlich wissen wir, daß ein ungetrübter Geisteszustand nicht dauerhaft sein kann, und so sagen wir, daß die Eingebung kommt und geht. Doch in Wirklichkeit ist sie immer da und wartet, bis wir wieder unbelastet sind. Deshalb können wir sagen, daß sie alles durchdringt.
Kinder sind weniger besorgt als Erwachsene und haben viel mehr Eingebungen. Alle Augenblicke der Eingebung zusammengezählt ergeben das, was wir Sensibilität nennen. Die Entwicklung der Sensibilität ist das Wichtigste für Kinder und Erwachsene, aber für Kinder ist sie viel leichter möglich. Es wäre passender zu sagen, daß für Erwachsene das Erwachen zur Sensibilität das Wichtigste sei. Einige Eltern stellen die Entwicklung gesellschaftlicher Manieren vor die ästhetische Entwicklung. Kleine Kinder nimmt man für gemeinschaftliche Spiele in den Park; sie werden in den Kindergarten geschickt, und dann geht es los. Doch das kleine Kind, das allein dasitzt und vielleicht vernachlässigt und vergessen ist, ist dasjenige, das offen für die Eingebung und die Entwicklung der Sensibilität ist.

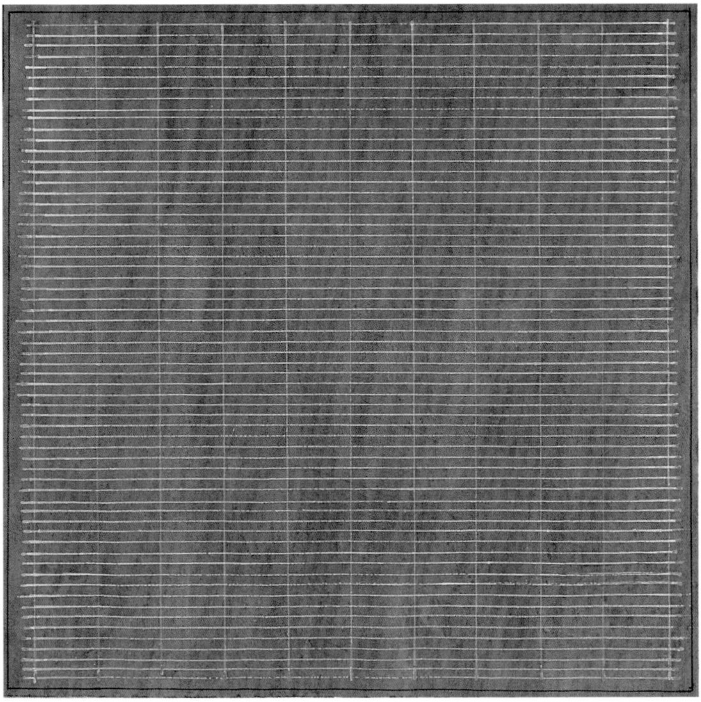

On the Perfection Underlying Life

The process of life is hidden from us. The meaning of suffering is held from us. And we are blind to life.

We are blinded by pride. Pride has built another structure and it is called "Life", but living the prideful life we are frustrated and lost. It is not possible to overthrow pride. It is not possible because we ourselves are pride, Pride the Dragon and Pride the Deceiver as it is called in mythology. But we can witness the defeat of pride because pride cannot hold out. Pride is not real, so sooner or later it must go down.

When pride in some form is lost we feel very different. We feel the victory over pride, and we feel very different being for a few moments free of pride. We feel a moment of perfection that is indescribable, a sudden joy in living.

Our best opportunity to witness the defeat of pride is in our work, in all the time that we are working and in the work itself. Work is self-expression. We must not think of self-expression as something we may do or something we may not do. Self-expression is inevitable. In your work, in the way that you do your work and in the results of your work your self is expressed. Behind and before self-expression is a developing awareness in the mind that effects the work. This developing awareness I will also call "the work". It is a most important part of the work. There is the work in our minds, the work in our hands and the work as a result.

In your work, in everyone's work, in the work of the world, the work that reminds of pride is gradually abandoned. Having in moments of perfection enjoyed freedom from pride we know that that is what we want. With this knowing we recognize and eliminate expressions of pride.

I will now speak directly to the art students present as an illustration of *the work*, with particular references to art work.

My interest and yours is art work, works of art, every smallest work of art and every kind of art work. We are very interested,

dedicated in fact. There is no halfway with art. We wake up thinking about it and we go to sleep thinking about it.
We go everywhere looking for it, both artists and non-artists. It is very mysterious the fast hold that it has upon us considering how little we know about it. We do not even understand our own response to our own work.
Why do we go everywhere searching out works of art and why do we make works of art. The answer is that we are inspired to do so. When we wake up in the morning we are inspired to do some certain thing and we do do it. The difficulty lies in the fact that it may turn out well or it may not turn out well. If it turns out well we have a tendency to think that we have successfully followed our inspiration and if it does not turn out well we have a tendency to think that we have lost our inspiration. But that is not true. There is successful work and work that fails but all of it is inspired. I will speak later about successful works of art but here I want to speak of failures. Failures that should be discarded and completely cut off.
I have come especially to talk to those among you who recognize these failures. I want particularly to talk to those who recognize all of their failures and feel inadequate and defeated, to those who feel insufficient – short of what is expected or needed. I would like somehow to explain that these feelings are the natural state of mind of the artist, that a sense of disappointment and defeat is the essential state of mind for creative work.
In order to do this I would like to consider further those moments in which we feel joy in living. To some, these moments are very clear and to others a vagueness that can only be described as below the level of consciousness. Whether conscious or unconscious they do their work and they are the incentive to life. A stockpile of these moments gives us an awareness of perfection in our minds and this awareness of perfection in our minds makes all the difference in what we do.
Moments of perfection are indescribable but a few things can be said about them. At such times we are suddenly very happy and we wonder why life ever seemed troublesome. In an instant we can see the road ahead free from all difficulties and we think that we will never lose it again. All this and a great deal more in barely a moment, and then it is gone.

But all such moments are stored in the mind. They are called sensibility or awareness of perfection in the mind.
We must surrender the idea that this perfection that we see in the mind or before our eyes is obtainable or attainable. It is really far from us. We are no more capable of having it than the infant that tries to eat it. But our happiness lies in our moments of awareness of it.
The function of art work is the stimulation of sensibilities, the renewal of memories of moments of perfection.
There is only one way in which artists can serve this function of art. There is only one way in which successful works of art can be made. To make works of art that stimulate sensibilities and renew moments of perfection an artist must recognize the works that illustrate his own moments of perfection.
Perfection, of course, cannot be represented. The slightest indication of it is eagerly grasped by observers. The work is so far from perfection because we ourselves are so far from perfection. The oftener we glimpse perfection or the more conscious we are in our awareness of it the farther away it seems to be. Or perhaps I should say the more we are aware of perfection the more we realize how very far away from us it is. *That is why art work is so very hard.* It is a working through disappointments and a growing recognition of failure to the point of defeat. But still one wakes in the morning and there is the inspiration and one goes on.
I want to emphasize the fact that increase in disappointment does not mean going backward in the work. There is no such thing as going backward in anything. There is increased and decreased awareness, that is all, and increased awareness means increased disappointments. If any perfection is indicated in the work it is recognized by the artist as truly miraculous so he feels that he can take no credit for its sudden appearance.
What does it mean to be defeated. It means that we cannot go on. We cannot make another move. Everything that we thought we could do we have done without result. We even give up all hope of getting the work and perhaps even the desire to have it. But we still go on without hope or desire or dreams or anything. Just going on with almost no memory of having done anything. Then it is not us.

Then it is not I.
Then it is not conditioned response.
Then there is some hope of a hint of perfection.
Without hope there is hope.
And without desire there is hope.
We do not ever stop because there is no way to stop. No matter what you do you will not escape. There is no way out. You may as well go ahead with as little resistance as possible – and eat everything on your plate.
Going on without resistance or notions is called discipline.
Going on where hope and desire have been left behind is discipline.
Going on in an impersonal way without personal considerations is called *a discipline.*
Not thinking, planning, scheming is a discipline.
Not caring or striving is a discipline.
Defeated, you will rise to your feet as is said of *Dry Bones.*
These bones will rise again.
Undefeated you will have nothing to say but more of the same.
Defeated you will stand at the door of your house to welcome the unknown, putting behind you all that is known.
Defeated, having no place to go you will perhaps wait and be overtaken.
As in the night. To penetrate the night is one thing. But to be penetrated by the night that is to be overtaken.
Defeated, exhausted and helpless you will perhaps go a little bit further.
Helplessness, even a mild state of helplessness is extremely hard to bear. Moments of helplessness are moments of blindness. One feels as though something terrible has happened without knowing what it is. One feels as though one is in the outer darkness or as though one has made some terrible error – a fatal error. Our great help that we leaned on in the dark has deserted us and we are in a complete panic and we feel that we have got to have help. The panic of complete helplessness drives us to fantastic extremes, and feelings of mild helplessness drive us to a ridiculousness. We go from reading religious doctrine and occult practices to changing our diet. Or from absolute self-abasement or abandonment to every known and unknown fetish.

It is hard to realize at the time of helplessness that that is the time to be awake and aware. The feeling of calamity and loss covers everything. We imagine that we are completely cut off and tremble with fear and dread. The more we are aware of perfection the more we will suffer when we are blind to it in helplessness.

But helplessness when fear and dread have run their course, as all passions do, is the most rewarding state of all. It is a time when our most tenacious prejudices are overcome. Our most tightly gripped resistances come under the knife and we are made more free. Our lack of independence in helplessness is our most detrimental weakness from the standpoint of art work. Stated positively, independence is the most essential character trait in an artist.

Although helplessness is the most important state of mind the holiday state of mind is the most efficacious for artists: "Free and easy wandering" it is called by the Chinese sage Chuang Tzu. In free and easy wandering there is only freshness and adventure. It is really awareness of perfection within the mind. Everyone has memories of adventures within the mind, strange and pleasant memories, but not everyone is aware of adventures within the mind when they happen.

I want to recommend the exploration of mind and the adventures within in the mind. It takes so much time, that is the difficulty. It is so hard to slow down to the pace where it is possible to explore one's mind. And then of course one must go absolutely alone with not one thought about others intruding because then one would be off in relative thinking.

Being an artist is a very solitary business. It is not artists that get together to do this or that. Artists just go into their studios everyday and shut the door and remain there. Usually when they come out they go to a park or somewhere where they will not meet anyone. A surprising circumstance that I will try to explain.

The solitary life is full of terrors. If you went walking with someone that would be one thing but if you went walking alone in a lonely place that would be an entirely different thing. If you were not completely distracted you would surely feel "the fear" part of the time. I am not now speaking of the fear and dread of helplessness which is a very unusual state of mind. I am speaking of pervasive fear that is always with us. It is a constant state of mind of which we are not aware when we are with others. We are used to this fear and we know that when we are with anyone else, even a stranger, we do not have it. That is all that we do know about it. In solitude this fear is lived and finally understood.

Worse than the terror of fear is the Dragon. The Dragon really pounds through the inner streets shaking everything and breathing fire. The fire of his breath destroys and disintegrates everything. The Dragon is indiscriminating and leaves absolutely nothing in his wake.

The solitary person is in great danger from the Dragon because without an outside enemy the Dragon turns on the self. In fact, self-destructiveness is the first of human weaknesses. When we know all the ways in which we can be self-destructive that will be very valuable knowledge indeed.

The terrible thing is that we are not just the Dragon but the victim even when he is destroying someone else, and our suffering is according to just how destructive he feels. So we cannot afford one moment of antagonism about anything.

I hope that it is quite plain that I am not moralizing, but simply describing some of the states of mind that are a hazard in solitude.

Sometimes through hard work the Dragon is weakened. The resulting quiet is shocking. The work proceeds quickly and without effort. But anytime the Dragon may rouse himself and then one is driven from the studio. If he can then have a good contest with someone else he is thoroughly aroused and the next day he will go on and on about his victories round and round in the mind. I am sure you have noticed it. But if he only goes to the park he does not get completely roused and the next day he will perhaps be quiet.

We cannot and do not slay the Dragon, that is a medieval idea, I guess. We have to become completely familiar with him and hope that he sleeps. The way things are most of the time, is that he is awake and we are asleep. What we hope is the opposite.

I have known some very young artists who are familiar with the Dragon und know many of his ways. They also recognize fear and are independent of judgement. They recognize themselves as mere shadows in reality. They like to be alone and seem to have had plenty of practice of being alone since early childhood. All that is a tremendous head start in art work and these artists are correctly recognized as geniuses.

We will all get there someday however and do the work that we are supposed to do. Of all the pitfalls in our paths and the tremendous delays and wanderings off the track I want to say that they are not what they seem to be. I want to say that all that seems like fantastic mistakes are not mistakes and all that seems like error is not error; and it all has to be done. That which seems like a false step is just the next step.

You may as well give up judging your actions. If it is the unconditioned life that you want, you do not know what you should do or what you should have done. We will just have to let everything go. Everything we know and everything everyone else knows is conditioned. The conditoning goes all the way back through evolution. The conditioned life, the natural life and the conventional life are the same.

Say to yourselves: I am going to work in order to see myself and free myself. While working and in the work I must be on the alert to see myself. When I see myself in the work I will know that that is the work I am supposed to do. I will not have much time for other people's problems. I will have to be by myself almost all the time and it will be a quiet life.

Success is contentment with no discontentment about anything, anything in the work or anything outside the work.

What was the reaction of the person who first made a symmetrical house. He felt new contentment in the house. He could see that it reflected himself. He felt a satisfaction in having built it and perhaps an awareness of clarity in his mind as the means.

A contentment with oneself that is success. Do not stop short of real contentment. You may as well never have been born if you remain discontented.

Perfection is not necessary. Perfection you cannot have. If you do what you want to do and what you can do and if you can then recognize it you will be contented. You cannot possibly know what it will be but looking back you will not be surprised at what you have done.

For those who are visual minded I will say: there seems to be a fine ship at anchor. Fear is the anchor, convention is the chain, ghosts stalk the decks, the sails are filled with Pride and the ship does not move.

But there are moments for all of us in which the anchor is weighed. Moments in which we learn what it feels like to move freely, not held back by pride and fear. Moments that can be recalled with all their fine flavor.

The recall of these moments can be stimulated by freeing experiences including the viewing of works of art.

Artists try to maintain an atmosphere of freedom in order to represent the perfection of those moments. And others searching for the meaning of art respond by recalling their own free moments.

Über die Vollkommenheit, die dem Leben zugrunde liegt

Der Prozeß des Lebens ist uns verborgen. Die Bedeutung des Leidens wird von uns ferngehalten. Und wir sind blind dem Leben gegenüber.

Der Hochmut blendet uns. Der Hochmut hat eine zweite Struktur errichtet, und sie heißt »Leben«; doch wenn wir ein Leben voller Hochmut führen, sind wir enttäuscht und verloren.

Es ist nicht möglich, den Hochmut zu stürzen. Es ist nicht möglich, weil wir selbst Hochmut sind. Hochmut, der Drache, und Hochmut, der Betrüger, wie er in der Mythologie heißt. Doch wir können Zeugen der Niederlage des Hochmuts werden, weil der Hochmut nicht ausharren kann. Der Hochmut ist nicht wirklich, also muß er früher oder später untergehen.

Wenn der Hochmut auf irgend eine Weise verschwindet, fühlen wir uns ganz anders. Wir spüren den Sieg über den Hochmut, und wir fühlen uns ganz anders, wenn wir für einige Augenblicke frei von Hochmut sind. Wir spüren für einen unbeschreiblichen Augenblick die Vollkommenheit, eine plötzliche Lust am Leben.

Die beste Gelegenheit für uns, Zeugen der Niederlage des Hochmuts zu werden, findet sich in unserer Arbeit, während der gesamten Zeit, in der wir arbeiten, und in der Arbeit selbst.

Arbeit ist ein Ausdruck unserer selbst. Wir dürfen nicht glauben, daß der Ausdruck unserer selbst etwas ist, was wir tun oder nicht tun können. Der Ausdruck unserer selbst ist nicht zu umgehen. In deiner Arbeit, in der Art, wie du deine Arbeit verrichtest, und im Ergebnis deiner Arbeit äußert sich dein Selbst. Hinter und vor dem Ausdruck unserer selbst steht eine sich entwickelnde innere Erkenntnis, die die Arbeit ausführt. Diese sich entwickelnde Erkenntnis will ich ebenfalls »die Arbeit« nennen. Sie ist ein sehr wichtiger Teil der Arbeit. Es gibt die Arbeit in unserem Geist, die Arbeit unserer Hände und die Arbeit als Ergebnis.

In deiner Arbeit, in jedermanns Arbeit, in der Arbeit der Welt, wird die Arbeit, die an den Hochmut erinnert, nach und nach aufgegeben. Weil wir in Augenblicken der Vollkommenheit Unabhängigkeit vom Hochmut erfahren haben, wissen wir, daß es das ist, was wir wollen. Mit diesem Wissen erkennen wir Äußerungen des Hochmuts und merzen sie aus.

Ich wende mich nun direkt an die anwesenden Kunststudenten, zur Illustration *der Arbeit,* und mit besonderer Berücksichtigung der künstlerischen Arbeit.

Mein Interesse und eures liegt in der künstlerischen Arbeit, in Kunstwerken, in jedem kleinsten Kunstwerk und in jeder Art von künstlerischer Arbeit. Wir sind sehr daran interessiert, ihr widmen wir uns geradezu. Es gibt keine Halbheiten in der Kunst. Wir wachen auf und denken an sie, und wir schlafen ein, indem wir an sie denken.

Wir gehen überall hin auf der Suche nach ihr, Künstler und Nichtkünstler. Der feste Zugriff, den sie auf uns hat, ist äußerst rätselhaft, wenn wir bedenken, wie wenig wir darüber wissen. Wir verstehen nicht einmal unsere eigene Reaktion auf unsere eigene Arbeit.

Warum gehen wir überall hin, um Kunstwerke aufzuspüren, und warum machen wir Kunstwerke? Die Antwort lautet, daß wir die Eingebung dazu erhalten.

Wenn wir am Morgen aufwachen, sagt uns die Eingebung, bestimmte Dinge zu tun, und wir tun sie auch. Die Schwierigkeit liegt darin, daß es gut herauskommen kann oder daß es nicht gut herauskommen kann. Wenn es gut herauskommt, neigen wir dazu zu denken, daß wir mit Erfolg unserer Eingebung gefolgt sind, und wenn es nicht gut herauskommt, neigen wir dazu zu denken, daß wir unsere Eingebung verloren haben. Doch das ist nicht wahr. Es gibt erfolgreiche und mißglückte Arbeit, doch beide folgen der Eingebung. Später werde ich über erfolgreiche Kunstwerke sprechen, aber an dieser Stelle möchte ich von Mißerfolgen sprechen. Mißerfolge, die weggelegt und vollständig aufgegeben werden sollten.

Ich bin hauptsächlich gekommen, um zu jenen unter euch zu sprechen, die diese Mißerfolge erkennen. Ich möchte besonders zu jenen sprechen, die alle ihre Mißerfolge erkennen und die sich unzulänglich und unterlegen fühlen, zu jenen, die sich als ungenügend empfinden, denen mangelt, was erwartet oder gebraucht wird. Ich möchte irgendwie erklären, daß diese Gefühle den natürlichen Geisteszustand des Künstlers darstellen, daß ein Gefühl der Enttäuschung und der Niederlage der wesentliche Geisteszustand für kreative Arbeit ist.

Um dies zu tun, möchte ich im weiteren jene Augenblicke betrachten, in denen wir Freude am Leben empfinden. Für einige sind diese Augenblicke sehr klar, und für andere sind sie von einer Unbestimmtheit, die nur als unterhalb der Ebene des Bewußtseins liegend beschrieben werden kann. Ob bewußt oder unbewußt, verrichten sie ihre Arbeit, und sie sind der Ansporn zu leben. Ein Vorrat an solchen Augenblicken vermittelt uns Erkenntnis der Vollkommenheit in unserem Inneren, und diese Erkenntnis der Vollkommenheit in unserem Inneren macht den Unterschied aus in dem, was wir tun.

Augenblicke der Vollkommenheit sind unbeschreiblich, doch ein paar Dinge kann man über sie sagen. Bei solchen Gelegenheiten sind wir plötzlich sehr glücklich, und wir fragen uns, warum das Leben je beschwerlich erschien. Auf einmal sehen wir den Weg, der vor uns liegt, frei von allen Schwierigkeiten, und wir glauben, daß wir ihn nie wieder verlieren werden. All das und vieles mehr in weniger als einem Augenblick, und schon ist er vorbei.

Doch alle Augenblicke dieser Art werden in unserem Innern bewahrt. Sie heißen Sensibilität oder Erkenntnis der geistigen Vollkommenheit.

Wir müssen den Gedanken aufgeben, daß diese Vollkommenheit, die wir im Geist oder vor unseren Augen sehen, zugänglich oder erreichbar ist. Sie ist in Wirklichkeit weit von uns entfernt. Wir sind nicht eher in der Lage, sie zu erlangen, als der Säugling, der sie zu essen versucht. Doch unser Glück liegt in jenen Augenblicken, in denen wir sie erkennen.

Die Funktion der künstlerischen Arbeit besteht in der Anregung von Empfindungen, der Erneuerung von Erinnerungen an Augenblicke der Vollkommenheit.

Es gibt nur einen Weg, auf dem Künstler dieser Funktion der Kunst dienen können. Es gibt nur einen Weg, erfolgreiche Kunstwerke herzustellen. Um Kunstwerke herzustellen, die Empfindungen anregen und Augenblicke der Vollkommenheit erneuern, muß ein Künstler diejenigen Werke erkennen, die seine eigenen Augenblicke der Vollkommenheit darstellen.

Vollkommenheit kann selbstverständlich nicht dargestellt werden. Der kleinste Hinweis darauf wird vom Betrachter begierig ergriffen. Die Arbeit ist so weit von der Vollkommenheit entfernt, weil wir selbst so weit von der Vollkommenheit entfernt sind. Je häufiger wir die Vollkommenheit erblicken oder je bewußter wir sie erkennen, desto weiter entfernt erscheint sie uns. Oder vielleicht sollte ich sagen, daß, je mehr wir die Vollkommenheit erkennen, wir desto eher begreifen, wie weit sie von uns entfernt ist. *Das ist der Grund, warum künstlerische Arbeit so sehr schwierig ist.* Es ist ein Hindurcharbeiten durch Enttäuschungen und ein wachsendes Erkennen des Mißerfolgs bis hin zur Niederlage. Aber dennoch wacht man morgens auf, und die Eingebung ist da, und man macht weiter.

Ich möchte die Tatsache betonen, daß ein Zunehmen der Enttäuschung keinen Rückschritt in der Arbeit bedeutet. Es gibt kein Zurück, auf keinem Gebiet. Es gibt erhöhte und verminderte Bewußtheit, das ist alles, und erhöhte Bewußtheit bedeutet mehr Enttäuschungen. Wenn Vollkommenheit im Werk angedeutet wird, wird sie vom Künstler als wahrhaft wunderbar erkannt, so daß er das Gefühl hat, daß er sich ihr plötzliches Erscheinen nicht als sein Verdienst anrechnen kann.

Was bedeutet es, zu unterliegen? Es bedeutet, daß wir nicht weiter gehen können. Wir können keine weitere Bewegung machen. Alles, was wir glaubten, tun zu können, haben wir ergebnislos versucht. Wir geben sogar jegliche Hoffnung auf, die Arbeit tun zu können, und vielleicht sogar den Wunsch dazu.

Doch wir machen trotzdem weiter, ohne Hoffnung, ohne Verlangen oder Träume oder irgend etwas. Bloß weitermachen, beinahe ohne Erinnerung daran, etwas getan zu haben.

Denn wir sind es nicht.

Denn ich bin es nicht.

Denn es ist keine eingeübte Reaktion.

Denn es besteht etwas Hoffnung auf eine Spur von Vollkommenheit.

Ohne Hoffnung gibt es Hoffnung.

Und ohne Verlangen gibt es Hoffnung.

Wir hören nie auf, weil man nicht aufhören kann. Was du auch tun magst, du wirst nicht entkommen. Es gibt keinen Ausweg.

Du kannst ebensogut mit dem geringstmöglichen Widerstand weiterfahren und alles auf deinem Teller aufessen.
Ohne Widerstand und ohne Vorstellungen weitermachen, heißt Disziplin.
Weitermachen, wenn Hoffnungen und Wünsche hinter einem liegen, ist Disziplin.
Auf eine unpersönliche Art, ohne persönliche Überlegungen weitermachen, heißt *Disziplin.*
Nicht denken, planen oder Ränke schmieden, ist Disziplin.
Gleichgültig sein oder nicht nach etwas streben, ist Disziplin.
Besiegt wirst du aufstehen, wie es von den *dürren Gebeinen* heißt. Diese Gebeine werden wieder aufstehen.
Unbesiegt wirst du nichts zu sagen haben, außer mehr vom Selben.
Besiegt wirst du an deiner Haustüre stehen, um das Unbekannte willkommen zu heißen, und du läßt alles, was dir bekannt ist, hinter dir.
Besiegt, ohne einen Ort, wo du hingehen kannst, wirst du vielleicht warten und überwältigt werden.
Wie in der Nacht. In die Nacht einzudringen, ist eine Sache. Doch von der Nacht durchdrungen zu werden, heißt überwältigt werden.
Besiegt, erschöpft und hilflos wirst du vielleicht ein bißchen weiter gehen.
Hilflosigkeit, sogar ein schwacher Zustand von Hilflosigkeit, ist äußerst schwer zu ertragen. Augenblicke der Hilflosigkeit sind Augenblicke der Blindheit. Man fühlt sich, als ob etwas Schreckliches passiert sei, ohne zu wissen, um was es sich dabei handelt. Man fühlt sich, als ob man sich in äußerster Dunkelheit befände, oder als ob man einen schrecklichen, einen fatalen Fehler begangen hätte. Die große Hilfe, auf die wir uns in der Dunkelheit gestützt haben, hat uns verlassen, und wir sind vollkommen in Panik und spüren, daß wir Hilfe brauchen.
Die Panik vollkommener Hilflosigkeit treibt uns zu fantastischen Höhepunkten, und Gefühle gelinder Hilflosigkeit treiben uns ins Lächerliche. Wir gehen vom Lesen religiöser Lehren und okkulter Praktiken zur Veränderung unserer Ernährung. Oder von gänzlicher Selbsterniedrigung oder Selbstaufgabe zu jedem bekannten oder unbekannten Fetisch.

In einer Zeit der Hilflosigkeit ist es schwer, zu begreifen, daß das die Gelegenheit ist, wach und bewußt zu sein. Das Gefühl von Elend und Verlust verdeckt alles. Wir stellen uns vor, daß wir vollkommen isoliert sind, und zittern vor Angst und Schrecken. Je mehr wir uns der Vollkommenheit bewußt sind, desto mehr leiden wir, wenn wir ihr gegenüber blind und hilflos sind.

Doch wenn Angst und Schrecken wie alle Leidenschaften ihren Lauf genommen haben, ist Hilflosigkeit der lohnendste aller Zustände. Es ist ein Zeitpunkt, da unsere hartnäckigsten Vorurteile überwunden sind. Der Widerstand, an dem wir am stärksten festhalten, kommt unters Messer, und wir werden freier. Unser Mangel an Unabhängigkeit im Zustand der Hilflosigkeit ist vom Standpunkt der künstlerischen Arbeit aus gesehen unsere gefährlichste Schwäche. Positiv ausgedrückt ist Unabhängigkeit der wesentlichste Charakterzug eines Künstlers.

Obwohl Hilflosigkeit der wichtigste Geisteszustand ist, ist der Urlaubs-Geisteszustand für Künstler der wirksamste: »Freies und unbeschwertes Umherschweifen« wird er vom chinesischen Weisen Dschuang Tse genannt. Im freien und unbeschwerten Umherschweifen gibt es nur Frische und Abenteuer. Es handelt sich wirklich um Erkenntnis der Vollkommenheit im Inneren. Jedermann hat Erinnerungen an innere Abenteuer, merkwürdige und angenehme Erinnerungen, aber nicht jedermann erkennt die geistigen Abenteuer, wenn sie sich ereignen.

Ich möchte die Erforschung des Geistes und der inneren Abenteuer empfehlen. Es braucht so viel Zeit, das ist die Schwierigkeit. Es ist schwer, den Gang zu verlangsamen, so daß die Erforschung des Inneren möglich wird. Und dann muß man selbstverständlich vollkommen allein sein, ohne einen einzigen Gedanken an andere, weil man dann in relative Betrachtungen zurückfiele.

Ein Künstler zu sein, ist ein äußerst einsames Geschäft. Künstler tun sich nicht zusammen, um dies oder jenes zu tun. Künstler gehen jeden Tag in ihr Atelier und schließen die Tür und bleiben dort. Wenn sie wieder herauskommen, gehen sie in der Regel in einen Park oder irgendwohin, wo sie niemanden antreffen. Eine überraschende Tatsache, die ich zu erklären versuche.

Das Leben eines Einzelgängers ist voller Schrecken. Wenn du mit jemandem zusammen spazieren gingest, wäre das eine Sache, aber wenn du allein an einem einsamen Ort spazieren gingest, wäre das eine ganz andere Angelegenheit. Wenn du nicht vollständig abgelenkt wärst, würdest du zeitweilig sicher »die Angst« spüren. Ich spreche jetzt nicht von der Angst und dem Schrecken der Hilflosigkeit, die ein ganz ungewöhnlicher Geisteszustand ist. Ich spreche von durchdringender Angst, die immer mit uns ist. Sie ist ein konstanter Geisteszustand, den wir nicht wahrnehmen, wenn wir mit anderen zusammen sind. Wir sind an diese Angst gewöhnt, und wir wissen daß wir frei von ihr sind, wenn wir mit jemandem zusammen sind, sogar mit einem Fremden. Das ist alles, was wir darüber wissen. In der Einsamkeit leben wir diese Angst und verstehen sie schließlich.

Schlimmer als der Schrecken der Angst ist der Drache. Der Drache stampft durch die inneren Straßen und bringt alles zum Zittern und speit Feuer. Das Feuer seines Atems zerstört und zersetzt alles. Der Drache macht keine Unterschiede und läßt hinter sich gar nichts zurück.

Der Einzelgänger ist vor dem Drachen in großer Gefahr, denn wenn der Drache keinen äußeren Feind hat, wendet er sich gegen das Selbst. Tatsächlich ist Selbstzerstörung die wichtigste menschliche Schwäche. Wenn wir alle Arten der Selbstzerstörung kennen, wird dies ein äußerst wertvolles Wissen bedeuten. Das Schlimme ist, daß wir nicht nur der Drache, sondern auch das Opfer sind, sogar wenn er jemand anderen vernichtet, und wir leiden entsprechend seiner Zerstörungswut. So können wir uns nicht einen Augenblick der Gegnerschaft gegenüber irgend einer Sache leisten.

Ich hoffe, daß es ganz klar ist, daß ich nicht moralisiere, sondern daß ich bloß einige der inneren Zustände beschreibe, die in der Einsamkeit eine Gefahr darstellen.

Manchmal wird der Drache durch harte Arbeit geschwächt. Die daraus entstehende Stille ist verblüffend. Die Arbeit geht schnell und mühelos voran. Doch der Drache kann jederzeit wieder aufwachen, und dann wird man aus dem Atelier getrieben. Wenn er dann mit jemand anderem einen guten Strauß ausfechten kann, wird er noch erregter, und am nächsten Tag wird er dir mit seinen Siegen unablässig durch den Kopf kreisen. Ich bin sicher, daß du das schon bemerkt hast. Doch wenn er nur in den Park geht, wacht er nicht vollständig auf, und am nächsten Tag wird er vielleicht ruhig sein.

Wir können den Drachen nicht töten und werden es auch nicht tun, denn das ist eine mittelalterliche Idee, glaube ich. Wir müssen ihn in allen Einzelheiten kennenlernen und hoffen, daß er schläft. So wie die Dinge meistens stehen, ist er wach und wir schlafen. Wir erhoffen aber das Gegenteil.

Ich habe einige sehr junge Künstler gekannt, denen der Drache und viele seiner Eigenschaften bekannt sind. Sie kennen auch die Angst und sind von Urteilen nicht abhängig. Sie sehen sich als bloße Schatten in der Wirklichkeit. Sie sind gern allein und haben offenbar seit früher Kindheit genügend Übung im Alleinsein gehabt. All dies bedeutet einen riesigen Vorsprung in der künstlerischen Arbeit, und diese Künstler werden zu Recht als Genies anerkannt.

Wir werden allerdings alle einmal dorthin gelangen und die Arbeit verrichten, die wir verrichten sollten. Von allen Fallgruben auf unserem Weg und den schrecklichen Verspätungen und dem Abschweifen von unserer Spur möchte ich sagen, daß sie nicht das sind, als was sie erscheinen. Ich möchte sagen, daß alles, was als phantastischer Fehler erscheinen mag, kein Fehler ist und alles, was als Irrtum erscheinen mag, kein Irrtum ist und daß es alles ausgeführt werden muß. Was wie ein falscher Schritt erscheint, ist bloß der nächste Schritt.

Du kannst ebensogut aufhören, deine Handlungen zu beurteilen. Wenn du das uneingeschränkte Leben willst, weißt du nicht, was du tun solltest oder was du hättest tun sollen. Wir müssen einfach alles gehen lassen. Alles, was wir wissen, und alles, was alle anderen wissen, ist beschränkt. Die Beschränkung reicht zurück bis an den Anfang der Evolution. Das beschränkte Leben, das natürliche Leben und das herkömmliche Leben sind dasselbe.

Sagt zu euch selbst: Ich werde arbeiten, um mich selbst wahrzunehmen und um mich zu befreien. Während der Arbeit und im Werk selber muß ich auf der Hut sein, um mich selbst wahrzunehmen. Wenn ich mich in der Arbeit wahrnehme, weiß ich, daß das die Arbeit ist, die ich machen sollte. Ich werde nicht viel Zeit für die Probleme anderer Leute haben. Ich werde fast immer allein sein müssen, und es wird ein ruhiges Leben sein.

Erfolg ist Zufriedenheit ohne Unzufriedenheit über irgend etwas, weder innerhalb noch außerhalb der Arbeit.

Wie reagierte der Mensch, der zum ersten Mal ein symmetrisches Haus baute? Er verspürte neue Zufriedenheit über dieses Haus. Er sah, daß es ihn selbst widerspiegelte. Er verspürte Genugtuung darüber, daß er es gebaut hatte, und vielleicht eine Bewußheit der inneren Klarheit, die ihn dorthin geführt hatte.

Zufriedenheit mit sich selbst – das ist Erfolg. Mach nicht vor der wirklichen Zufriedenheit halt. Du hättest ebensogut nicht geboren werden müssen, wenn du unzufrieden bleibst.

Vollkommenheit ist nicht nötig. Vollkommenheit kannst du nicht erlangen. Wenn du tust, was du machen willst und was du machen kannst, und wenn du es dann erkennen kannst, wirst du zufrieden sein. Du kannst nicht wissen, was es sein wird, aber in der Rückschau wirst du von dem, was du gemacht hast, nicht überrascht sein.

Für diejenigen, die visuell denken, werde ich sagen: Es scheint ein prächtiges Schiff vor Anker zu liegen. Angst ist der Anker, Konvention ist die Kette, Geister schleichen auf dem Deck herum, die Segel sind von Hochmut gebläht, und das Schiff bewegt sich nicht.

Doch es gibt Augenblicke für uns alle, in denen der Anker gelichtet wird. Augenblicke, in denen wir lernen, wie es ist, wenn man sich frei bewegt, ohne von Hochmut und Angst zurückgehalten zu werden. Augenblicke mit ihrem feinen Duft, an die man sich erinnern kann.

Die Erinnerung an diese Augenblicke kann durch befreiende Erlebnisse wie das Betrachten von Kunstwerken angeregt werden. Künstler versuchen, eine Atmosphäre der Freiheit aufrechtzuerhalten, um die Vollkommenheit jener Augenblicke darstellen zu können. Und andere, die auf der Suche nach der Bedeutung der Kunst sind, reagieren, indem sie sich an ihre eigenen freien Augenblicke erinnern.

Advice to Young Artists

The life of an artist is inspired, self sufficient and independent (unrelated to society).
The direction of attention of an artist is towards mind in order to be aware of inspiration.
Following inspiration life unfolds free of any influence.
Finally the artist recognizes himself in the work and is happy and contented. Nothing else will satisfy him.
An artist's life is an unconventional life. It leads away from the example of the past.
It struggles painfully against its own conditioning. It appears to rebel but in reality it is an inspired way of life.

Rat an junge Künstler

Das Leben eines Künstlers ist inspiriert, selbstgenügsam und unabhängig (nicht auf die Gesellschaft bezogen).
Die Ausrichtung der Aufmerksamkeit eines Künstlers geht auf sein Inneres, damit er die Eingebung erkennt.
Indem er der Eingebung Folge leistet, entfaltet sich ein Leben frei von jeder Beeinflussung.
Schließlich erkennt sich der Künstler in seinem Werk und ist glücklich und zufrieden. Nichts anderes wird ihn mehr befriedigen.
Das Leben eines Künstlers ist ein unkonventionelles Leben. Es führt weg von den Beispielen der Vergangenheit.
Es setzt sich schmerzlich gegen seine eigene Bedingtheit zur Wehr. Es scheint sich aufzulehnen, doch in Wirklichkeit ist es eine inspirierte Art zu leben.

The Still and Silent in Art

When interest in graphic art wanes I suppose it is possible to imagine its slipping out of sight but I do not believe in that possibility.

My interest is in experience that is wordless and silent, and in the fact that this experience can be expressed for me in art work which is also wordless and silent. It is really wonderful to contemplate the experience and the works. I am sure there will always be some who make this response who will want to try to express it graphically.

But with regard to the inner life of each of us it may be of great significance. If we can perceive ourselves in the work – not the work but ourselves when viewing the work then the work is important. If we can *know our response,* see in ourselves *what we have received* from a work, that is the way to the understanding of truth and all beauty.

We cannot understand the process of life – that is everything that happens to everyone. But we can know the truth by seeing ourselves, by seeing the response to the work in ourselves.

Those wo depend upon the intellect are the many. Those who depend upon perception alone are the few.

We perceive – We see. We see with our eyes and we see with our minds. We want to see the truth about life and all of beauty. Both are a great mystery to us.

Perceiving is the same as *receiving* and it is the same as *responding*. Perception means all of them. It goes on all the time whether we are asleep or awake. When we wake we can recall that which we perceived while sleeping.

Perception is a function. A function is part of a process. It does not identify. We are not identified by perception.

We also think. Perception is the primary experience. Thinking; we consider that which we have perceived. It is a secondary experience. Thinking compares everything that we have perceived with everything that we are perceiving at the moment.

There is no difference between thinking and relative living. Thinking leads to pride, identification, confusion and fear.
Work is a function in which we seem to be identified. But in reality work is a part of the process of life in which we cannot perceive the beginning or end of our function. We have no understanding of the process of life, in whole, or in part, and we never will. We cannot therefore identify ourselves with our work. Since the process of life reaches to the furthest star the work of each of us is of no significance in the process. In *the great process*, in the sum total of the outward being of all living things our work is insignificant, *infinitesimal and insignificant. This must be realized.*

Ruhe und Stille in der Kunst

Wenn das Interesse an der Druckgraphik schwächer wird, so denke ich, daß man sich vorstellen kann, daß es ganz außer Sicht gerät, doch ich glaube nicht an diese Möglichkeit.

Mein Interesse gilt einer Erfahrung, die wortlos und still ist, und der Tatsache, daß diese Erfahrung für mich in einem Kunstwerk ausgedrückt werden kann, das ebenfalls wortlos und still ist. Es ist wirklich wunderbar, diese Erfahrung und die Werke zu betrachten. Ich bin sicher, daß es immer einige Leute geben wird, die so reagieren und die versuchen wollen, dies graphisch auszudrücken.

Doch in bezug auf das innere Leben eines jeden von uns kann es von großer Bedeutung sein. Wenn wir uns im Werk wahrnehmen – nicht das Werk, sondern uns selber, die wir das Werk betrachten, dann ist das Werk wichtig. Wenn wir *unsere Reaktion erkennen* können, in uns selber sehen, *was wir von einem Werk aufgenommen haben,* dann ist dies der Weg zum Verständnis der Wahrheit und aller Schönheit.

Wir können den Lebensprozeß nicht verstehen – nämlich alles, was sich für einen jeden ereignet. Doch wir können die Wahrheit erkennen, indem wir selber sehen, indem wir die Reaktion auf das Werk in uns selber sehen.

Diejenigen, die sich auf den Intellekt stützen, sind in der Mehrzahl. Diejenigen, die sich auf die Wahrnehmung allein stützen, sind in der Minderzahl.

Wir nehmen wahr – wir sehen. Wir sehen mit unseren Augen, und wir sehen mit unserem Geist. Wir wollen die Wahrheit über das Leben und alles Schöne sehen. Sie sind beide für uns ein großes Geheimnis.

Wahrnehmen ist dasselbe wie *Aufnehmen*, und es ist dasselbe wie *Erwidern*. Wahrnehmung bezeichnet alle drei. Sie dauert in einem fort, ob wir schlafen oder wachen. Wenn wir wach sind, können wir uns daran erinnern, was wir wahrgenommen haben, als wir schliefen.

Wahrnehmung ist eine Funktion. Eine Funktion ist Teil eines Prozesses. Sie verleiht keine Identität. Wir erhalten Identität nicht aus der Wahrnehmung.
Wir denken auch. Wahrnehmung ist die primäre Erfahrung. Denken; wir erwägen, was wir wahrgenommen haben. Dies ist eine sekundäre Erfahrung. Denken vergleicht alles, was wir wahrgenommen haben, mit allem, was wir im Augenblick wahrnehmen. Es gibt keinen Unterschied zwischen Denken und bedingtem Leben. Denken führt zu Stolz, Identifikation, Verwirrung und Angst.
Arbeit ist eine Funktion, in der wir unsere Identität zu finden scheinen. Doch in Wirklichkeit ist Arbeit ein Teil des Lebensprozesses, in dem wir weder Anfang noch Ende unserer Funktion wahrnehmen können. Wir haben kein Verständnis für den Lebensprozeß, weder als Ganzes noch teilweise, und wir werden es nie haben. Wir können deshalb nicht mit unserer Arbeit Identität gewinnen. Da der Lebensprozeß bis zum fernsten Gestirn reicht, ist die Arbeit eines jeden von uns ohne Bedeutung in diesem Prozeß. In *dem großen Prozeß,* in der totalen Summe des äußeren Seins aller Lebewesen, ist unsere Arbeit unbedeutend, *unendlich klein und unbedeutend. Dies muß begriffen werden.*

What Is Real?

We are in the midst of reality responding with joy. It is an absolutely satisfying experience but extremely elusive. It is elusive because we must recognize so many other things at the same time.

The memory of past moments of joy leads us on. The responses of happiness and joy are our first concern.

Works of art have successfully represented our response to reality from the beginning. The artist tries to live in a way that will make greater awareness of the sublimity of reality possible. Reality, the truth about life and the mystery of beauty are all the same and they are the first concern of everyone.

I want to emphasize the fact that we all have the same concern, but the artist must know exactly what the experience is. He must pursue the truth relentlessly. Once he sees this fact his feet are on the path. If you want to know the truth you will know it. The manipulation of materials in art work is a result of this state of mind. The artist works by awareness of his own state of mind.

In order to do so he must have a studio, as a retreat and as a place to work. In the studio an artist must have no interruptions from himself or anyone else. Interruptions are disasters. To hold onto the "silver cord", that is the artistic discipline. The artist's own mind will be all the help he needs.

There will be moving ahead and discoveries made every day. There will be great disappointments and failures in trying to express them. An artist is one who can fail and fail and still go on.

Let us now consider response to the concrete. Sometimes some things look very beautiful and we are moved to happiness and joy. Sometimes some things taste very good and we enjoy them and are satisfied.

Let us look at our response to food from the beginning. We grow almost all of our own food. We enjoy digging and planting the seeds. We enjoy watching the plants grow and the fruit develop. Imagine a pear tree covered with golden fruit. Suddenly we pick the fruit and eat it and it is entirely destroyed.

It is the same with animals. They are beautiful to us and we enjoy them but suddenly we kill them and eat them.

Violence, destructiveness and possessiveness are an integral part of response to the concrete. This distresses some people very much and they would like to escape from response to the concrete in order to avoid them. But there is no escape.

Besides violence, destructiveness and possessiveness we have to face frustrations. We think that we practice restraint in order to avoid frustrations. But restraint is not possible because we have to do what we have to do.

We are most concerned because having experienced joy we know that it prevails and we think that with violence, destructiveness, possessiveness and frustration we are off the track. The transcendent response that is free from and unrelated to the concrete environment is so blissful and seems so much more innocent that we wish to seek to maintain it at the expense of a concrete response. But it is not possible and *it is not desirable.* We are as though on an adventurous journey and frustration merely points out those things to be avoided and the rest maintains us on our way. We cannot understand the details but we can know the truth about it and accept it all and be contented.

Responding with joy is the path and we should work and eat with joy. The joy counts and nothing else does.

There is in reality no need for *self-sacrifice* and no call for it. Do not settle for the experience of others. If you follow others you are in reality at a standstill, because their experience is in the past. That is circling. Even following your own past experience, is circling. Know your own response to your own work and to the work of others.

To *recall* in one's own mind past concrete experience is not circling. It is so much easier to respond accurately when alone. Experiences recalled are generally more satisfying and enlightening than the original experience. It is in fact the only way to know one's whole response.

To illustrate *recall* I will quote Wordsworth on having seen daffodils.

"For oft, when on my couch I lie
In vacant or in pensive mood,
They flash upon that inward eye
Which is the bliss of solitude;
And then my heart with pleasure fills,
And dances with the daffodils."

The straight forward path, as we so often have been warned, is extremely hard to maintain. Only joyful discoveries count. If you are not making them you are not moving.

Now let us turn to abstract response, the response that we make in our minds free from concrete environment. We know that it prevails. We know that it is infinite, dimensionless, without form and void. But it is not nothing because when we give our minds to it we are blissfully aware.

Being without imperfection it is perfection. And being without parts it is whole.

It is from our awareness of transcendent reality and our response to concrete reality that our minds command us on our way – not really on a path or to a gate – but to full response. Complete consciousness is present to us at all times, every moment, but we reject it in order to maintain our prejudices, our ideas. But sooner or later we will relinquish our ideas in favour of response because the truth prevails.

In the meantime we can see ourselves in our work. We can see ourselves moving along. We can see the steps we take. We can see that there is no such thing as going backward. We can be contented.

We can know every day what we must do and we will have plenty of energy with which to do it. We will know when it is something we want and we will know when it is something that we do not want.

There is a great hunger and thirst in all of us for the truth whether we are aware of it or not. There is no-one unfeeling or unseeing. To think oneself unique is the height of ignorance.

Appetite is of course positive but sometimes *in moments of weakness* we have an immense yearning to escape. This is a very strong feeling and very unattractive. If you feel *yearning* you should go off by yourself and give it full reign and then you will see that with great earnestness and determination it says, "me, me, me, me, me".

You will see that yearning is defiant and rebellious and, also, it exhausts itself which proves that it is unreal. We must give up the idea of *salvation*. You cannot be saved and the rest left.
You must want joy for all not just for yourself. The exact same joy, want it whole-heartedly for all. To want joy for yourself is unreal, off the track and untrue. It is just as unreal to think you *give* joy to others. Each has its own joy. Joy is life. You cannot give life. You can want them to have it, that is as much as you can do.
Joy is *Perception*. Perception, reception and response are all the same. Sometimes we perceive, sometimes we receive and sometimes we respond but it is all the same.
It is all awareness of reality.
In a Chinese vase we can see all that the artist rejected in order to have as close an approximation as possible to his response to reality. We can feel as he felt looking at his work. The same response is made continually over a thousand years. Proving it is reality. That is what art is about.
There is no such thing as "contemporary" art. Any material may be used but the theme is the same and the response is the same for all art work.
There is one great difference from man to man that I must mention. It is a difference in *willingness* to perform his function. We, each of us, is born to a certain function. Sometimes our function is hidden from us by prejudice and fear. When an artist becomes aware of his exact function, that is when he knows, suddenly, exactly what he will do and how he will do it. We say that he has attained to his *vision*. If this happens when he is very young we say that he is a genius. It is sometimes baffling to the rest of us that we have to do so much work that is unrelated to art work. But looking back we can see the positive aspect of all of our actions. Without *vision* that is without exact awareness of our function we are discontented. When we are completely aware of our function we are contented. You can see that discontent is a positive state of mind urging us on to discover our function.
Do not waste your feelings of discontent on society. When you feel discontented ask yourself "what do I want", "what do I really want". As soon as you ask yourself this question you will realize that discontent arises out of it.

Your unwillingness to function may be so strong that you cannot even ask yourself this question, in which case you will seek help from others. But there will be no help for you anywhere. You will find your vision for yourself at some time when you are alone.

Part of our resistance to function is general resistance to concrete reality, to violence, destruction, possessiveness and frustration, but most of it is due to Pride and Fear.

When pride engages our minds it destroys everything that we see, because pride countenances only pride itself. There is another part of our minds that can see pride in action – raging against this, and raging against that. Sometimes when not otherwise engaged it rages against ourselves. Pride is responsible for all of our blindness and a great deal of our discomfort but in the end it will go down because it is not real.

Pride and deceit are one and the same. All of our deceit is due to pride so you can see that it is a very tricky enemy.

We are aware of fear as soon as we are alone. Some of us are so faint-hearted that we never allow ourselves to be alone for this reason. But artists must of necessity be alone and therefore they must recognize and overcome fear. This is a very long process.

If we say that we do not have pride and fear that is one of pride's deceptions, because we are all conditioned in pride and fear.

Now we must consider the idea of *Power* because without freedom we cannot make our full response. With the idea of power in our minds we are subject to that power. If you believe in it, then it exists for you and you are naturally subject to it. But in reality there is no power anywhere.

Speaking of physical power: water power is in reality that element following its natural course downhill even though it may flow through a dynamo. There is no entity that may be termed power just by itself.

In the psychological field: still considering power we encounter one of our most troublesome concepts, the idea of authority and obedience. Using the parent-child situation as a base it is generally believed that those in authority are on top and those in obedience below.

I want to take time with this concept and prove to you beyond doubt that authority and obedience exist at the same time in each of us, that we are all in a state of obedient authority at all times, that it is a sublime state and that it is in fact a state of positive freedom. In order to do this I will speak only of obedience.

Our lowest form of obedience is perhaps our obedience to animals. We strive to accurately obey animals providing them with water, food, clean housing, medicare and social security. In return, and all the time the animal obeys us. If it does not, it is considered to be a no-good animal.

Our most heart-felt and anxious obedience is a mother's obedience to the infant, and her slavish obedience to her children as long as they are in her care. Also from the very first moment the infant and child must obey the mother. It is plain, is it not, that they are both in authority and both in obedience at the same time. The authority-obedience state of being is not a "sometimes" state but a continuous state of being. We are always in authority and always in obedience.

The obedience of children is generally worthless because they are inattentive and desultory. But there is obedience on the part of some adults that is marvelous in its expression.

The obedience of performing musicians is extremely sensitive and accurate. There is no way to describe the reward of absolute obedience. Any response to art is obedience. I wish I could point out how authoritative art work is dependent on the obedient state of mind. Instead I will continue with concrete examples.

A policeman obeys the commands that come over his radio and performs the dirtiest jobs in society, he also risks his life and as a result he has a certain authority. The President, having promised certain things to the people, obediently presents them to Congress and obediently carries out the dictates of Congress. He is the top authority because of his talent in obedience.

The most troublesome anti-freedom concept is our belief in a transcendent supreme authority. It is recognition of our state of obedience that makes us postulate this authority. But when we see that all the authority there is, is within ourselves as a result of our obedience then we are free. This is the only road to freedom.

The idea of leadership is another stumbling block to freedom. You must see through leadership to its non-existence. A leader exists only in the minds of his followers. Some leaders keep their followers from changing their minds by the use of fear. In reality there are no leaders or followers. Everyone is on his own private line.

The first step in giving up the ideas of power and leadership is to give up wanting them for yourself. It sounds easy but your conditioning has been *that power and leadership lead to freedom* regardless of the inherent contradiciton in that statement.

What is our happy conclusion. It is that we have plenty of *energy* and we enjoy action. There is a *purpose* in our lives and it is in operation every minute. When we are right *on the track* we are rewarded with joy. We can know *the whole truth* with a request to our minds. If we are completely without direction we can withdraw and our minds will tell us the next step to take.

Was ist wirklich?

Inmitten der Wirklichkeit reagieren wir mit Freude. Es ist eine völlig zufriedenstellende Erfahrung, aber ganz unfaßbar. Sie ist unfaßbar, weil wir gleichzeitig so viele andere Dinge erkennen müssen.

Die Erinnerung an vergangene Augenblicke von Freude führt uns weiter. Den glücklichen und freudigen Reaktionen gilt unsere Aufmerksamkeit in erster Linie.

Kunstwerke haben seit je unsere Reaktion auf die Wirklichkeit erfolgreich dargestellt. Der Künstler versucht so zu leben, daß tiefere Erkenntnis der Erhabenheit der Wirklichkeit möglich wird. Wirklichkeit, die Wahrheit über das Leben und das Geheimnis der Schönheit sind dasselbe, und ihnen gilt in erster Linie jedermanns Aufmerksamkeit.

Ich will die Tatsache unterstreichen, daß wir alle dieselbe Erfahrung und dasselbe Interesse haben, doch der Künstler muß genau wissen, welches diese Erfahrung ist. Er muß die Wahrheit unbarmherzig verfolgen. Wenn er einmal diese Tatsache verstanden hat, ist er auf dem richtigen Weg. Wenn du die Wahrheit wissen willst, wirst du sie wissen.

Der Umgang mit Material im Kunstwerk ist ein Ergebnis dieses Geisteszustandes. Der Künstler arbeitet, indem er seinen eigenen Geisteszustand erkennt.

Um dies zu tun, muß er ein Atelier haben, als einen Ort, wohin er sich zurückziehen kann, und als Arbeitsplatz. Im Atelier darf der Künstler weder von sich selber noch von irgend jemand anderem gestört werden. Störungen sind Katastrophen. Sich am »silbernen Seil« festzuhalten, ist die künstlerische Disziplin. Das Innere des Künstlers ist die ganze Hilfe, die er braucht.

Jeden Tag wird es vorwärtsgehen, und es werden Entdeckungen gemacht werden. Beim Versuch sie auszudrücken wird es große Enttäuschungen und Fehlschläge geben. Ein Künstler ist jemand, der scheitern und scheitern und dennoch weitergehen kann.

Wir wollen jetzt die Reaktion auf das Konkrete betrachten.

Manchmal schauen Dinge sehr schön aus, und wir sind glücklich und freudig bewegt. Manchmal schmecken Dinge sehr gut, und wir genießen sie und sind zufrieden.
Wir wollen unsere Reaktion auf Nahrung von Anfang an betrachten. Wir bauen fast alles an, was wir essen. Wir genießen es, zu graben und Samen einzupflanzen. Wir genießen es, das Wachsen der Pflanzen und das Reifen der Früchte zu beobachten. Stell dir einen Birnbaum voll goldener Früchte vor. Plötzlich pflücken wir eine Frucht und essen sie, und sie wird gänzlich zerstört.
Es ist dasselbe mit den Tieren. Sie erscheinen uns schön, und wir genießen sie, aber plötzlich töten wir sie und essen sie.
Gewalt, Zerstörung und Besitzanspruch sind ein wichtiger Bestandteil der Reaktion auf das Konkrete. Dies bekümmert manche Leute sehr stark, und sie möchten der Reaktion auf das Konkrete entgehen, um all diesem auszuweichen. Doch es gibt kein Entrinnen.
Außer Gewalt, Zerstörung und Besitzanspruch müssen wir der Enttäuschung ins Gesicht sehen. Wir glauben, daß wir Zurückhaltung üben, um Enttäuschungen zu vermeiden. Doch Zurückhaltung ist nicht möglich, weil wir tun müssen, was wir tun müssen.
Wir sind am meisten betroffen, weil wir wissen, wenn wir die Erfahrung der Freude besitzen, daß sie ausschlaggebend ist, und wir denken, daß wir mit Gewalt, Zerstörung und Besitzanspruch auf dem falschen Geleise sind. Die transzendente Reaktion, die frei von der konkreten Umgebung und nicht auf sie bezogen ist, ist so glückselig und erscheint so viel unschuldiger, daß wir wünschen, sie auf Kosten einer konkreten Reaktion zu behalten suchen. Aber dies ist nicht möglich, und *es ist nicht wünschbar.* Wir sind wie auf einer abenteuerlichen Reise, und Enttäuschung weist bloß auf die Dinge hin, die zu vermeiden sind, und das übrige hält uns auf unserem Weg: wir können ihn im Einzelnen nicht verstehen, aber wir können die Wahrheit über ihn wissen und alles annehmen und zufrieden sein.
Mit Freude reagieren ist der Weg, und wir sollten mit Freude arbeiten und essen. Die Freude zählt und nichts anderes.
In Wirklichkeit braucht es keine *Selbstaufopferung* und kein Verlangen danach. Begnüge dich nicht mit der Erfahrung anderer. Wenn du anderen folgst, bleibst du in Wirklichkeit stehen,

denn ihre Erfahrung liegt in der Vergangenheit. Das heißt, im Kreis gehen. Sogar wenn du deiner eigenen Erfahrung folgst, gehst du im Kreis. Lerne deine eigene Reaktion kennen. Das ist, was zählt: lerne deine Reaktion auf deine eigene Arbeit und auf die Arbeit anderer kennen.

Sich in seinem Inneren die konkrete Erfahrung von Vergangenem *in Erinnerung zu rufen,* bedeutet nicht im Kreis zu gehen. Es ist so viel leichter, passend zu reagieren, wenn man allein ist. Erinnerte Erfahrungen sind im allgemeinen befriedigender und erleuchtender als die wirkliche Erfahrung. Tatsächlich ist es die einzige Art, seine ganze Reaktion kennenzulernen.

Um das *Erinnern* zu illustrieren, will ich zitieren, was *Wordsworth* über die Narzissen sagt, die er gesehen hat.

»Denn oft, wenn ich auf meinem Ruhebett liege,
in leerer oder nachdenklicher Stimmung,
blitzen sie vor jenem inneren Auge auf,
das die Wonne der Einsamkeit ist;
und dann füllt sich mein Herz mit Vergnügen
und tanzt mit den Narzissen.«

Wie man uns so oft gewarnt hat, ist der Weg geradeaus äußerst schwierig einzuhalten. Nur freudige Entdeckungen zählen. Wenn du sie nicht machst, bewegst du dich nicht.

Jetzt wollen wir uns abstrakten Reaktionen zuwenden, der Reaktion, die aus unserem Inneren kommt, frei von unserer konkreten Umgebung. Wir wissen, daß sie maßgeblich ist. Wir wissen, daß sie unendlich, ohne Dimension, ohne Form und leer ist. Aber sie ist nicht nichts, denn wenn wir ihr unseren Geist übergeben, sind wir glückselig bewußt.

Indem sie ohne Unvollkommenheit ist, ist sie Vollkommenheit. Und indem sie ohne Teile ist, ist sie ganz.

Aus unserer Erkenntnis der transzendenten Wirklichkeit und unserer Reaktion auf die konkrete Wirklichkeit befehligt unser Inneres uns auf unserem Weg – nicht wirklich auf einem Pfad oder zu einem Tor – , sondern zu einer vollgültigen Antwort. Vollständige Bewußtheit ist uns jederzeit gegenwärtig, in jedem Augenblick, doch wir verwerfen sie, um an unseren Vorurteilen, an unseren Gedanken festzuhalten. Doch früher oder später werden wir unsere Gedanken zugunsten einer Antwort aufgeben, denn die Wahrheit ist maßgeblich.

In der Zwischenzeit können wir uns in unserer Arbeit sehen. Wir können uns vorwärtsbewegen sehen. Wir können die Schritte sehen, die wir machen. Wir können sehen, daß es so etwas wie Rückwärtsgehen nicht gibt. Wir können zufrieden sein.
Wir können jeden Tag wissen, was wir tun müssen, und wir werden viel Energie haben, um es auszuführen. Wir werden es wissen, wenn es etwas ist, das wir wollen, und wir werden es wissen, wenn es etwas ist, das wir nicht wollen.
Es gibt in allen von uns großen Hunger und Durst nach der Wahrheit, ob wir uns dessen bewußt sind oder nicht. Es gibt niemanden, der nicht fühlt oder nicht sieht. Zu denken, daß man einzig sei, ist der Höhepunkt der Unwissenheit.
Appetit ist natürlich positiv, aber manchmal, in *Augenblicken der Schwäche,* haben wir eine unermeßliche Sehnsucht wegzulaufen. Dies ist ein sehr starkes Gefühl und sehr unangenehm. Wenn du die *Sehnsucht* spürst, dann solltest du von selbst losgehen und ihr volle Herrschaft einräumen, und dann wirst du sehen, daß sie mit großem Ernst und mit Bestimmtheit sagt: »Ich, ich, ich, ich, ich.«
Du wirst sehen, daß die Sehnsucht herausfordernd und rebellisch ist und daß sie sich auch erschöpft, was beweist, daß sie unwirklich ist. Wir müssen den Gedanken der *Erlösung* aufgeben. Du kannst nicht erlöst werden, und die anderen bleiben übrig.
Du mußt Freude für alle und nicht nur für dich wollen. Genau dieselbe Freude sollst du von ganzem Herzen für alle wollen. Freude für dich selber wollen, ist unwirklich, auf dem falschen Geleise und unwahr. Es ist gerade so unwirklich zu denken, daß du anderen Freude *gibst.* Jeder hat seine eigene Freude. Freude ist Leben. Du kannst Leben nicht geben. Du kannst wollen, daß die anderen es haben, das ist alles, was du tun kannst.
Freude ist *Wahrnehmung.* Wahrnehmung, Aufnahme und Reaktion ist alles dasselbe. Manchmal nehmen wir etwas wahr, manchmal nehmen wir etwas auf und manchmal reagieren wir darauf, aber es ist alles dasselbe.
Alles ist Erkenntnis der Wirklichkeit.
In einer chinesischen Vase können wir all das erblicken, was der Künstler verworfen hat, um sich seiner Reaktion auf die Wirklichkeit so weit wie möglich anzunähern. Wir können empfinden, was er empfand, als er sein Werk betrachtete. Dieselbe

Reaktion erfolgt fortwährend über tausend Jahre hinweg. Sie beweist ihre Wirklichkeit. Darum geht es in der Kunst.

So etwas wie »zeitgenössische« Kunst gibt es nicht. Jedes Material kann verwendet werden, aber das Thema ist dasselbe, und die Reaktion ist dieselbe für jedes Kunstwerk.

Es gibt einen großen Unterschied zwischen den Menschen, den ich erwähnen muß. Es ist ein Unterschied in der *Bereitwilligkeit,* seine Aufgabe zu erfüllen.

Wir alle, jeder von uns, sind dafür geboren, eine bestimmte Aufgabe zu erfüllen. Manchmal ist unsere Aufgabe durch Vorurteile und Angst vor uns verborgen. Wenn ein Künstler sich seiner genauen Aufgabe bewußt wird, dann weiß er auf einmal genau, was er tun wird und wie er es tun wird. Wir sagen, daß er zu seiner *Vision* gelangt ist. Geschieht dies, wenn er sehr jung ist, sagen wir, daß er ein Genie ist. Manchmal narrt es uns, daß wir so viel Arbeit leisten müssen, die nichts mit der künstlerischen Arbeit zu tun hat. Doch wenn wir zurückschauen, können wir die positive Seite aller unserer Handlungen sehen. Ohne *Vision,* das heißt ohne genaue Erkenntnis unserer Aufgabe, sind wir unzufrieden. Wenn wir unsere Aufgabe vollständig erkennen, sind wir zufrieden. Du kannst sehen, daß Unzufriedenheit ein positiver Geisteszustand ist, weil sie uns drängt, unsere Aufgabe zu entdecken.

Vergeude deine Gefühle von Unzufriedenheit nicht an der Gesellschaft. Wenn du dich unzufrieden fühlst, frage dich: »Was will ich?«, »Was will ich wirklich?« Sobald du dir diese Frage stellst, wirst du erkennen, daß daraus Unzufriedenheit entsteht.

Dein Unwillen, eine Aufgabe zu übernehmen, kann so stark sein, daß du dir diese Frage nicht einmal stellen kannst; in diesem Fall wirst du Hilfe bei anderen suchen. Doch es wird nirgendwo Hilfe für dich geben. Du wirst deine Vision für dich selber zu einem Zeitpunkt finden, da du allein bist.

Ein Teil unseres Widerstandes dagegen, eine Aufgabe zu übernehmen, ist der allgemeine Widerstand gegenüber der konkreten Wirklichkeit, der Gewalt, der Zerstörung, dem Besitzanspruch und der Enttäuschung, doch am meisten erfolgt er aus Hochmut und Angst heraus.

Wenn Hochmut unseren Geist einnimmt, zerstört er alles, was wir sehen, denn Hochmut heißt nur den Hochmut selber gut. Es gibt einen anderen Teil unseres Geistes, der den Hochmut handeln sehen kann – tobend gegen dies und tobend gegen jenes – manchmal, wenn er nicht anders beschäftigt ist, tobt er gegen uns selber. Hochmut ist verantwortlich für unsere ganze Blindheit und einen großen Teil unseres Unbehagens, doch am Ende wird er untergehen, denn er ist nicht wirklich.

Hochmut und Täuschung sind ein und dasselbe. Jede Täuschung geht auf den Hochmut zurück, und daran kannst du ersehen, was für ein ränkereicher Feind er ist.

Wir erkennen die Angst, sobald wir allein sind. Manche von uns sind so kleinmütig, daß sie sich aus diesem Grund nie erlauben, allein zu sein. Doch Künstler müssen notwendigerweise allein sein, und deshalb müssen sie Ängste erkennen und überwinden. Das ist ein sehr langwieriger Vorgang.

Wenn wir sagen, daß wir weder Hochmut noch Angst verfallen sind, so ist dies eines der Trugbilder des Hochmuts, denn wir sind sehr bestimmt von Hochmut und Angst.

Jetzt müssen wir den Gedanken der *Macht* betrachten, denn ohne Freiheit können wir unsere volle Antwort nicht erwidern. Mit dem Gedanken der Macht in unserem Inneren sind wir dieser Macht unterworfen. Wenn du an sie glaubst, dann existiert sie für dich, und du bist ihr natürlicherweise unterworfen. Doch in Wirklichkeit gibt es nirgendwo Macht.

Wenn man von physischer Macht spricht: die Macht des Wassers ist in Wirklichkeit das Element selber, das seinen natürlichen Lauf bergab nimmt, auch wenn es durch einen Dynamo fließen mag. Die Macht des Atoms ist eine chemische Reaktion. Es gibt keine Wesenheit, die nur aus sich selber Macht genannt werden kann.

Wenn wir immer noch die Macht betrachten, dann begegnen wir auf der psychologischen Ebene einer unserer unheilvollsten Vorstellungen, dem Gedanken der Autorität und des Gehorsams. Wenn man die Eltern-Kind-Situation als Grundlage nimmt, dann glaubt man im allgemeinen, daß diejenigen mit Autorität oben sind und diejenigen, die gehorchen, unten.

Ich will mir für diese Vorstellung Zeit nehmen und euch zweifelsfrei beweisen, daß Autorität und Gehorsam gleichzeitig in allen von uns existieren, daß wir alle jederzeit in einem Zustand der gehorsamen Autorität sind, daß es ein erhabener Zustand ist und daß es tatsächlich ein Zustand positiver Freiheit ist. Um dies zu tun, werde ich nur vom Gehorsam sprechen.

Unsere niedrigste Form des Gehorsams ist vielleicht unser Gehorsam gegenüber den Lebewesen. Wir bemühen uns, Lebewesen passend zu gehorchen, indem wir ihnen Wasser, Nahrung, saubere Unterkunft, medizinische Betreuung und soziale Sicherheit bieten. Als Gegenleistung gehorcht uns das Lebewesen stets. Wenn es dies nicht tut, wird es als schlechtes Lebewesen betrachtet.

Unser innigster und eifrigster Gehorsam ist der Gehorsam der Mutter gegenüber dem Säugling, und ihr sklavischer Gehorsam gegenüber ihren Kindern, solange sie in ihrer Obhut sind. Vom allerersten Augenblick an müssen Säugling und Kind auch der Mutter gehorchen. Es ist klar – ist es nicht? –, daß sie gleichzeitig sowohl Autorität besitzen wie Gehorsam erweisen. Dieser Zustand von Autorität-Gehorsam ist nicht ein zeitweiliger Zustand, sondern ein fortwährender Zustand. Wir besitzen stets Autorität und erweisen stets Gehorsam.

Der Gehorsam der Kinder ist im allgemeinen wertlos, da sie unaufmerksam und unstet sind. Doch es gibt Gehorsam von seiten mancher Erwachsener, der in seinem Ausdruck wunderbar ist.

Der Gehorsam von Musikern beim Auftreten ist äußerst feinfühlig und genau. Es gibt keine Möglichkeit, die Belohnung absoluten Gehorsams zu beschreiben. Jede Reaktion auf Kunst ist Gehorsam. Ich wünschte, ich könnte deutlich machen, wie autoritär Kunstwerke sind, abhängig vom Gehorsamkeitsgrad des Geistes. Statt dessen werde ich mit konkreten Beispielen fortfahren.

Ein Polizist gehorcht den Befehlen, die über sein Funkgerät kommen, und er führt die schmutzigste Arbeit in der Gesellschaft aus, er wagt selbst sein Leben, und als Ergebnis davon genießt er eine gewisse Autorität. Der Präsident, der den Leuten gewisse Dinge versprochen hat, stellt diese gehorsam dem Parlament vor und führt gehorsam die Vorschriften des Parlamentes aus. Er ist die oberste Autorität aufgrund seines Talents für Gehorsam.

Die unheilvollste Anti-Freiheitsvorstellung ist unser Glaube an eine transzendente höchste Autorität. Es ist das Anerkennen unseres Gehorsamkeitszustandes, das uns dazu führt, diese Autorität vorauszusetzen. Doch wenn wir sehen, daß alle Autorität, die es gibt, als Ergebnis unseres Gehorsams in uns selber liegt, dann sind wir frei. Dies ist der einzige Weg zur Freiheit.

Der Gedanke der Führerschaft ist ein anderer Stein des Anstoßes für die Freiheit. Du mußt die Führerschaft bis auf ihre Nicht-Existenz durchschauen. Ein Führer existiert nur im Geiste seiner Anhänger. Manche Führer halten ihre Anhänger davon ab, ihr Denken zu ändern, indem sie Angst einsetzen. In Wirklichkeit gibt es weder Führer noch Anhänger. Jedermann ist auf seinem eigenen privaten Geleise.

Der erste Schritt, die Gedanken von Macht und Führerschaft aufzugeben, heißt davon ablassen, sie für dich selber zu beanspruchen. Es klingt einfach, doch du wurdest dazu erzogen, *daß Macht und Führerschaft zur Freiheit führen,* ohne Rücksicht auf den inneren Widerspruch in dieser Aussage.

Was ziehen wir daraus für einen glücklichen Schluß? Wir schließen, daß wir viel *Energie* besitzen und daß wir das Handeln genießen. Unser Leben hat einen *Zweck,* und er ist jede Minute wirksam. Wenn wir *auf der richtigen Spur* sind, werden wir durch Freude belohnt. Wir können *die ganze Wahrheit* wissen, wenn wir unser Inneres darum bitten. Wenn wir ganz richtungslos sind, können wir uns zurückziehen, und unser Inneres wird uns sagen, welchen Schritt wir als nächsten tun sollen.

What We Do Not See If We Do Not See

We all believe in life.
We feel a certain devotion.
We feel called upon to live as good a life as we can.
We feel that we are in the dark and that even in darkness we must struggle to know what is best to do.
Not altogether but each one every moment.
We feel that we should not live in just the same way as our ancestors lived. We feel that we should take a step forward.
We know that this step will be in the dark and will require courage.
Our tremendous urge forward has a grip of steel.
Because we are in the dark there is suffering and difficulty.

Life is an adventure and adventures are difficult.
They are hard work and one does not know how they will go on or how they will end.
Nevertheless we have a tremendous appetite for the adventure of life.
We are continually restless if we are not moving forward according to our potential.
Although we are in the dark we are not without guidance.
Our guidance is called inspiration.
In crisis we say to ourselves: "What can I do", and miraculously our mind answers and tells us what to do.
This miraculous answer is called an idea very often but it is not an idea.

There are different parts of the mind.
When we are angry one part of the mind stands as though outside and we see ourselves raving.
This part that stands as the outside of ourselves is *the conscious mind.*
The conscious mind that is aware of perfection, happiness and the sublime.

When we see ourselves with the conscious mind angry and perhaps raving we feel guilty.
We recognize that we are off the path – We are off the path of true life.
The conscious mind says *Yes* and *No*.
When it says: "Yes, go ahead, this is the way", we feel happy.
When it says: "You should not be here and you should not be doing this". At those times we feel unhappy.
Our problem is not that we do not see or hear the conscious mind but that we do not obey.
When we see ourselves angry and the conscious mind is saying "*No*" we still go on.
And when it says: "You should not go" we rationalize and say: "Everyone else is going".
We knowingly disobey the conscious mind.

In this life we are struggling from death into life.
This has been remarked by all sages of all times.
The adventure of life is the relinquishing of death and the acceptance of life.
In the lives that we lead there is both life and death.
The conscious mind is life and happiness and all things sublime.
Death is all thing anti-life and truth.
The most dangerous anti-life and destructive tendency is self deception known as fantasy. Imagining that we are other than we are.
The opposite of fantasy, *true knowledge of self*, is the greatest wisdom.

The conscious mind is awareness of the sublime and it tells us what to do by showing us when we are off the track.
Obedience to the conscious mind carries us forward to greater awareness.
Disobedience of the conscious mind carries us backward to less awareness.
With more accurate obedience we become rapidly more aware of the sublime: of beauty and happiness in life.
We become more devoted to life.
With disobedience we become less and less aware with less respect for life.

This is the side of death in the adventure of life versus death. We will be disrespectful of life and everything in it, even of ourselves. We will be complaining and destructive and we will have resistance to living our own life.
Other peoples lives will look better to us than our own life, more interesting and more rewarding.
This is a very unnatural state of mind. If you have this state of mind you must recognize at once that you are very far off the track of life and happiness.
To correct this state of mind you must say to yourself: "*I want to live a true life.*"
That is all you have to do to turn from death to life.
Asking for life and truth you will be on the side of life and against death.
I will not speak any more of death because it does not count.
Reality is positive.
Art work is a celebration of reality of the positive.
A positive response to life (which we call happiness) is not a single response. It is infinitely various and goes far beyond what we are able to bear.
We cannot reproduce reality or represent it concretely. It is ineffable.
In art work we represent our own happiness because of our awareness of the infinite sublimity of reality.
Without awareness of beauty, innocence and happiness and without happiness oneself one cannot make works of art.
Criticism and discontent expressed concretely are complaint and destructiveness. All negative expression is anti-life and anti-art.

Besides recognition of the sublime there are two other elements in life that must be recognized and lived.
They are *self knowledge* and *potential.*
If you have enough respect for yourself you will ask yourself: "*What am I.*"
If the answer is "I am a man" then the question becomes: "*What is a man.*"
When you come to the end of all ideas you will still have no definitive knowledge on the subject. Then you will have to wait for inspiration.

Until you can clear up your true identity you will be tied to a repetition of this life.
I have come to tell you the easiest way to find an answer to this question.
First you must say to yourself: "I want to live a true life." Then you must watch your mind to see the response that it is making to life.
You will discover the true response that you yourself make to life undistorted by the ideas of others.
You will make discoveries every day and they will all be very helpful.
Just as consciousness of the sublime is the path of life so is self knowledge the path of life.
Neither consciousness nor self knowledge can be pursued socially.
In groups we can compare our observations of life but life itself is lived by individuals.
Changes in social living are the result of changes that take place in individuals.
First some truth must be recognized by an individual (that is what we call inspiration) and then it must be expressed concretely and responded to by others.
The cause of these changes is not with us but is a result of the battle of life and death.
It is not just big inspirations that move life forward.
Every time an individual asks his mind what to do and receives direction and acts upon it life moves forward.
Since we almost all live in this way life moves forward very rapidly even though we have some tremendous setbacks.
It is up to us only in that our pursuit of awareness is on the side of life.
As life is recognized death is overcome.
The only triumph in life is the triumph of life itself.
Our awareness of it we feel as happiness.
Art work represents this happiness.
It does not represent life because life is infinite, dimensionless. It is consciousness of itself. And that cannot be represented.
But our positive response to life can be, has been, and is represented in art work.

Children make a perfect response to life. They see everything as beautiful and perfect, often telling their parents how beautiful and wonderful they are.

Children always love their parents with perfect love regardless of what the parents are like. They have to learn to bear frustration which makes them seem unhappy at times.

Living without sufficient inspiration which is the incentive to life we tend to forget the perfect response we made as children and we become more and more blind.

It is necessary to make an absolute *about face* and search out our true response.

You will be thinking: "It is easy enough for children because they have no responsibilities", but I assure you that you also can make a perfect response to life without worry or strain.

You have to see what you have to do in your mind's eye.

You have to give it time.

It is hard for your mind to get through to you because of the jumble it is in.

With seeing the direction the energy necessary to carry out the action is given. When it is carried out the energy is taken away so that you can rest.

If you feel tired it is because you cannot see.

If you cannot see the next step you will take and the happiness you will know taking it. Then you cannot see.

If you cannot see you must withdraw yourself till you see what your next action will be.

In confusion and blindness there is no help for you anywhere except from your own mind.

From your own mind there is all the help you need.

Was wir nicht sehen, wenn wir nicht sehen

Wir glauben alle an das Leben.
Wir verspüren eine gewisse Andacht.
Wir sehen uns aufgerufen, ein so gutes Leben wie möglich zu leben.
Wir spüren, daß wir in der Finsternis sind und daß wir sogar in der Finsternis darum kämpfen müssen zu wissen, was am besten zu tun ist.
Nicht alle zusammen, sondern jeder einzelne in jedem Augenblick.
Wir spüren, daß wir nicht auf genau dieselbe Art leben sollten wie unsere Vorfahren. Wir spüren, daß wir einen Schritt vorwärts tun müßten.
Wir wissen, daß dieser Schritt in der Finsternis getan wird und daß es dazu Mut braucht.
Unser heftiger Vorwärtsdrang ist wie ein stählerner Griff.
Weil wir in der Finsternis sind, gibt es Leiden und Schwierigkeiten.

Das Leben ist ein Abenteuer, und Abenteuer sind schwierig.
Sie machen harte Arbeit, und man weiß nicht, wie sie weiter gehen oder wie sie enden werden.
Dennoch haben wir einen großen Appetit auf das Abenteuer des Lebens.
Wir sind stets rastlos, wenn wir uns nicht gemäß unserer
Begabung vorwärtsbewegen.
Obwohl wir in der Finsternis sind, sind wir nicht ohne Orientierung.
Unsere Orientierung heißt Eingebung.
In Krisen sagen wir zu uns selbst: »Was kann ich tun«, und unser Inneres antwortet wunderbarerweise und sagt uns, was zu tun ist.
Diese wunderbare Antwort wird oft Gedanke genannt, doch es ist kein Gedanke.

Das Innere hat verschiedene Teile.
Wenn wir zornig sind, dann steht ein Teil des Inneren wie außerhalb, und wir sehen uns toben.
Derjenige Teil, der als unser Äußeres dasteht, ist *der bewußte Geist.*
Der bewußte Geist, der Vollkommenheit, Glück und das Erhabene erkennt.
Wenn wir uns durch den bewußten Geist zornig und vielleicht sogar tobend sehen, fühlen wir uns schuldig.
Wir erkennen, daß wir vom Pfad abgekommen sind. Wir sind abgekommen vom Pfad des wahren Lebens.
Der bewußte Geist sagt *Ja* und *Nein.*
Wenn er sagt: »Jawohl, vorwärts, das ist der Weg«, fühlen wir uns glücklich.
Wenn er sagt: »Du solltest nicht hier sein, und du solltest das nicht tun.« In diesen Momenten fühlen wir uns unglücklich.
Unser Problem ist nicht, daß wir den bewußten Geist nicht sehen oder hören, sondern daß wir ihm nicht gehorchen.
Wenn wir uns zornig sehen und wenn der bewußte Geist *»Nein«* sagt, gehen wir noch immer vorwärts.
Und wenn er sagt: »Du solltest nicht gehen«, lassen wir unsere Vernunft sprechen und sagen: »Alle anderen gehen.«
Besserem Wissen zum Trotz mißachten wir den bewußten Geist.

In diesem Leben kämpfen wir uns vom Tod ins Leben.
Das haben alle Weisen zu allen Zeiten bemerkt.
Das Abenteuer des Lebens ist das Aufgeben des Todes und das Annehmen des Lebens.
Im Leben, das wir führen, gibt es Leben und Tod.
Der bewußte Geist und das Glück und alle erhabenen Dinge sind das Leben.
Alles, was Anti-Leben und Anti-Wahrheit ist, ist Tod.
Das gefährlichste Anti-Leben und die gefährlichste destruktive Neigung ist die Selbsttäuschung, die als Phantasie bekannt ist.
Sich vorstellen, daß wir anders sind, als wir sind.
Das Gegenteil der Phantasie, *wahre Selbsterkenntnis,* ist die größte Weisheit.

Der bewußte Geist bedeutet Erkenntnis des Erhabenen, und er sagt uns, was zu tun ist, indem er uns darauf hinweist, wenn wir vom Pfad abgekommen sind.
Gehorsam gegenüber dem bewußten Geist bringt uns vorwärts zu höherer Erkenntnis.
Ungehorsam gegenüber dem bewußten Geist führt uns zu einem Verlust an Erkenntnis.
Bei genauerem Gehorsam erkennen wir schnell mehr vom Erhabenen: von Schönheit und Glück im Leben.
Wir werden andächtiger gegenüber dem Leben.
Bei Ungehorsam erkennen wir weniger und weniger und haben weniger Respekt für das Leben.
Dies ist die Seite des Todes im Abenteuer von Leben gegen Tod.
Wir sind respektlos gegenüber dem Leben und allem, was damit zusammenhängt, sogar gegenüber uns selbst. Wir sind nörglerisch und zerstörerisch, und wir leisten Widerstand dagegen, unser eigenes Leben zu leben.
Das Leben anderer Leute erscheint uns besser als unser eigenes Leben, interessanter und lohnender.
Dies ist ein äußerst unnatürlicher Geisteszustand. Wenn du in diesen Zustand gerätst, mußt du sofort merken, daß du weit vom Pfad des Lebens und des Glücks abgekommen bist.
Um diesen inneren Zustand zu verändern, mußt du zu dir selber sagen: »*Ich will ein wahres Leben leben.*«
Das ist alles, was du tun mußt, um dich vom Tod dem Leben zuzuwenden.
Wenn du nach Leben und Wahrheit fragst, wirst du auf der Seite des Lebens und gegen den Tod sein.
Ich werde nicht mehr vom Tod sprechen, denn er zählt nicht.
Die Wirklichkeit ist positiv.
Das Kunstwerk ist ein Lob der Wirklichkeit, des Positiven.
Eine positive Reaktion auf das Leben (das wir Glück nennen) ist nicht eine einmalige Reaktion. Sie ist unendlich vielfältig und führt weit über das hinaus, was wir zu ertragen fähig sind.
Wir können die Wirklichkeit nicht abbilden oder sie konkret darstellen. Sie ist unaussprechlich.
Im Kunstwerk stellen wir unser eigenes Glück dar, aufgrund unserer Erkenntnis der unendlichen Erhabenheit der Wirklichkeit.

Ohne Erkenntnis von Schönheit, Unschuld und Glück und ohne Glück selber kann man keine Kunstwerke herstellen.
Konkret ausgedrückte Kritik und Unzufriedenheit sind Nörgelei und Zerstörungswut. Jeder negative Ausdruck ist Anti-Leben und Anti-Kunst.

Neben der Erkenntnis des Erhabenen gibt es zwei andere Elemente im Leben, die erkannt werden und leben müssen.
Es sind *Selbsterkenntnis* und *Begabung*.
Wenn du genug Respekt für dich selber hast, wirst du dich fragen: »*Was bin ich?*«
Wenn die Antwort heißt: Ich bin ein Mensch, dann wird die Frage zu: »*Was ist ein Mensch?*«
Wenn du mit all deinen Gedanken am Ende angekommen bist, besitzt du immer noch kein endgültiges Wissen über das Thema.
Dann mußt du auf Eingebung warten.
Bis du deine wahre Identität aufklären kannst, bist du an eine Wiederholung dieses Lebens gebunden.
Ich bin gekommen, dir den einfachsten Weg zu erklären, um eine Antwort auf diese Frage zu finden.
Zuerst mußt du zu dir selber sagen: »Ich will ein wahres Leben leben.« Dann mußt du dein Inneres beobachten, um wahrzunehmen, wie es auf das Leben reagiert.
Du wirst deine wahre Reaktion auf das Leben entdecken, unbeeinflußt von den Gedanken anderer.
Du wirst jeden Tag Entdeckungen machen, und sie werden alle sehr hilfreich sein.
Gerade wie das Bewußtsein des Erhabenen der Pfad des Lebens ist, so ist auch Selbsterkenntnis der Pfad des Lebens.
Weder Bewußtsein noch Selbsterkenntnis können gemeinschaftlich verfolgt werden.
In Gruppen können wir unsere Beobachtungen am Leben vergleichen, doch das Leben selber wird von Individuen gelebt.
Veränderungen im gemeinschaftlichen Leben sind das Ergebnis von Veränderungen, die in Individuen stattfinden.
Zuerst muß eine Wahrheit von einem Individuum erkannt werden (das ist, was wir Eingebung nennen), und dann muß sie konkret ausgedrückt werden, und andere müssen darauf reagieren.

Der Grund für diese Veränderungen liegt nicht in uns, sondern er ist ein Ergebnis des Kampfes um Leben und Tod.
Es sind nicht bloß große Eingebungen, die das Leben voranbringen.
Jedesmal, wenn ein Individuum sein Inneres fragt, was zu tun sei, und eine Anweisung erhält und ihr nachfolgt, bewegt sich das Leben voran.
Da wir fast alle auf diese Weise leben, bewegt sich das Leben sehr schnell voran, obwohl wir einige heftige Rückschläge erleben.
Wir sind dafür nur insofern verantwortlich, als unser Streben nach Glück auf der Seite des Lebens liegt.
Sowie das Leben erkannt wird, ist der Tod besiegt.
Der einzige Triumph im Leben ist der Triumph des Lebens selber.
Unsere Erkenntnis demgegenüber empfinden wir als Glück.
Das Kunstwerk stellt dieses Glück dar.
Es stellt nicht das Leben dar, denn das Leben ist unendlich, ohne feste Abmessungen. Es bedeutet Bewußtheit seiner selbst. Und das kann nicht dargestellt werden.
Doch unsere positive Reaktion gegenüber dem Leben kann im Kunstwerk dargestellt werden, sie wurde darin dargestellt und ist darin dargestellt.

Und jetzt kommen wir zum letzten Element, das bedacht werden muß, zu unserer individuellen Begabung.
Wir spüren, jeder von uns, daß unser Leben nicht wie dasjenige anderer Menschen ist und daß es absolut wahr, unendlich wahr ist.
Um ein absolut eigenständiges Leben zu führen, braucht man nur sich selber zu sein.
In der Natur gibt es nirgendwo Gleichheit. Es gibt nicht zwei gleiche Steine, nicht zwei gleiche Tage, keine gleichen Augenblicke, niemals.
Und keine zwei gleichen Menschen und keine zwei gleichen Augenblicke ihrer beider Leben.
Es folgt daraus, daß wir einander nicht helfen können, da unsere Reaktionen nicht dieselben sind.
Da wir nicht gleich sind, ist die Erfahrung anderer für uns nutzlos.

Dies ist besonders klar, wenn wir wissen wollen, was zu tun ist.
Wir wurden alle mit einer gewissen Begabung geboren. Sie unterscheidet sich von derjenigen anderer Menschen, und sie ist lebensnotwendig.
Wir müssen unsere Begabung als unseren Beitrag zum Leben entfalten.
Wir wurden geboren, um gewisse Dinge zu tun, und wir wurden geboren, um ein gewisses Bedürfnis auszufüllen.
Wenn es einen leeren Flecken auf der Erde gibt, wächst da das bestmögliche Kraut für seine Umgebung.
Auf dieselbe Weise wurde unser Leben aus einer Notwendigkeit heraus erschaffen, und wir wurden erschaffen mit der Begabung, die dieser Notwendigkeit entspricht.
Der Widerstand dagegen, diese Aufgabe zu erfüllen, das heißt unser Widerstand gegen das Entfalten unserer Begabung, ist auf die Kraft des Negativen im Leben zurückzuführen.
Wir wurden als Tätigkeitswörter und nicht als Hauptwörter geboren.
Wir wurden dafür geboren, im Leben eine Aufgabe zu übernehmen, zu arbeiten und alle positiven Handlungen auszuführen, die von unserer Begabung Gebrauch machen.
Wenn unsere Begabung vollständig aufgebraucht ist, kommen wir nicht mehr zurück. Unsere konkrete Existenz erreicht dann ihr Ende.
Unsere Gedanken, Ableitungen von beobachteten Lebenstatsachen, sind für die Entfaltung unserer Begabung nutzlos.
Nur Gehorsam gegenüber dem bewußten Geist zählt. Das ist, wie wenn man sagt, nur die Eingebung zähle.
Eingebung ist ein Befehl. Wenn du eine Wahl hast, dann ist es keine Eingebung.
Wenn eine Entscheidung verlangt wird, dann ist das keine Eingebung, und du solltest nichts aufgrund einer Entscheidung tun. Dies ist nur Zeitverschwendung.
Dinge, die aufgrund einer Entscheidung getan werden, sogar wenn es sich dabei um eine Gipfelentscheidung handelt, sind fruchtlos und werden wieder rückgängig gemacht.
Nur Handlungen, die im Gehorsam gegenüber der Eingebung ausgeführt werden, sind fruchtbar.

Wenn wir mit der künstlerischen Arbeit beginnen, haben wir gewöhnlich eine Menge Ideen, die wir ausprobieren müssen. Doch nichts von dem, was wir tun, befriedigt uns wirklich.
Schließlich fühlen wir uns gänzlich unterlegen. Wir wissen nicht, was zu tun ist.
Ich will versuchen, dir zu erklären, daß die Niederlage der Anfang und nicht das Ende jeder positiven Handlung ist.
Ein kleines Kind, das gehen lernt, weiß, daß es umfallen wird, wenn es aufsteht. Es weiß, daß es nicht gehen kann. Es ist unterlegen und hilflos.
Dieses Wissen ist eine unbedingte Voraussetzung für die Eingebung.
Unterlegen und hilflos erhält es die Eingebung, auf die Füße zu kommen.
Es ist jetzt unterlegen und hilflos in bezug darauf, wie man einen Schritt macht, doch wieder wird ihm befohlen: vorwärts.
In jedem Augenblick sind wir hilflos und unterlegen, und in jedem Augenblick werden wir von der Eingebung vorwärts befohlen.
Es gibt keine Wahl, solange wir auf dem richtigen Weg sind.

Unsere Eingebung begegnet uns als Überraschung.
Wenn wir ihr folgen, wird unser Leben spannend und unvorhersagbar.
Doch wenn wir aus Ungehorsam das Leben anderer nachahmen oder Vorstellungen oder Vorsätzen nachgehen, wird unser Leben langweilig, unbefriedigend und vorhersagbar.
Das Entfalten der Begabung im Gehorsam gegenüber der Eingebung bedeutet Glück in diesem Leben. Ein mühseliges Glück, in dem wir vorangehen.
Ungehorsam bedeutet Unglück und eine Bewegung auf das Unbewußte zu.
Glück ist selbstgesucht. Es ist Leben.
Du kannst anderen nur Glück bringen, indem du selber glücklich bist.
Du kannst nur glücklich sein, indem du auf dem Pfad bleibst, auf dem du deine Begabung entfaltest.
Der Pfad wird dir gezeigt, wenn du den Wunsch danach an dein eigenes Inneres richtest.

Wenn dein Inneres sich mit Politischem beschäftigt, mit politischen Handlungen und Methoden, mit Anliegen und Reformen, gehört deine Arbeit nicht in das Gebiet der Kunst.

Die Griechen machten eine große Entdeckung. Sie entdeckten, daß es in der Natur keine vollkommenen Kreise, geraden Linien oder ebenmäßigen Räume gibt.
Doch sie entdeckten, daß ihr Interesse und ihre Neigung sich auf die Vollkommenheit von Kreisen und Linien richtete, daß sie diese in ihrem Inneren sehen konnten und daß sie dann in der Lage waren, sie herzustellen.
Sie bemerkten, daß das Innere kennt, was das Auge nicht gesehen hat, und daß, was das Innere kennt, Vollkommenheit ist.
Sie bestimmten, daß sie mit Hilfe des bewußten Geistes zur Vollkommenheit gelangen könnten.
Weil die Griechen die Führung durch ihren bewußten Geist suchten, bedeutet ihre Arbeit eine wichtige Eingebung für uns. Weil sie Inspiration erfuhren, werden wir durch ihre Arbeit inspiriert.
Auf Arbeit, die vom bewußten Geist geleitet wird, reagieren andere direkt.
Es ist ganz leicht zu sehen, wie die griechische Kunst eine Für-das-Leben-und-gegen-den-Tod-Handlung bedeutete.
Heute bemerken wir, daß Vollkommenheit für uns unerreichbar ist, denn wir selber sind ein Teil der Natur, doch sie bedeutet uns noch immer am meisten.
Was wir heute sehen, ist, daß der Pfad, den uns die Griechen gezeigt haben, der vom bewußten Geist gefundene Pfad, der Pfad des Lebens und des Glücks und der irdischen Vollendung ist.
In einer Welt, in der der Intellekt Wertschätzung erfährt, den bewußten Geist zu entdecken, verlangt Einsamkeit – recht viel Einsamkeit.
Wir wurden eifrig gegen die Einsamkeit erzogen. Alleinsein wird als schmerzlicher und gefährlicher Zustand betrachtet.
Deshalb bitte ich dich, dich bis in Einzelheiten an die Zeitpunkte zu erinnern, als du allein warst, und deine genaue Reaktion darauf zu entdecken.

Ich schlage Künstlern vor, jede Gelegenheit wahrzunehmen, allein zu sein; daß ihr es aufgebt, Schoßtiere und unnötige Begleiter um euch zu haben.
Ihr werdet herausfinden, daß die Angst, die uns gelehrt wurde, nicht eine Angst ist, sondern aus vielen verschiedenen Ängsten besteht.
Wenn du entdeckst, was sie sind, dann sind sie überwunden.
Die meisten Leute waren nie genügend allein, um diese Ängste zu empfinden. Doch sogar ohne sie erfahren zu haben, fürchten sie sie.
Ich glaube, daß Leute, die gern allein sind, die allein vorangehen, vielleicht ernsthafte Arbeiter auf dem Gebiet der Kunst sein werden.

Jede fruchtbare Arbeit auf irgendeinem Gebiet wird von der Eingebung einzelner beherrscht. Alle andere Arbeit verschwindet dagegen.
Eingebung ist nie zerstörerisch.
Dies hat Gandhi am besten gezeigt, und nach ihm Martin Luther King.
Sie weist nie darauf hin, was jemand anders tun sollte. Sie sagt dem einzelnen, was er tun muß.
Deine Eingebung bezieht sich auf deine besondere Begabung.
So schlug Martin Luther King den Farbigen vor, daß sie nicht versuchen sollten, die Weißen zu verändern, sondern daß sie sich selber verändern müßten. Nicht mittels Politik oder Methoden, sondern jeder einzelne müsse sich selber ändern.
Und ich schlage euch vor, daß dieser Weg nicht nur für Notfälle gilt, sondern daß er der Weg des Lebens ist.
Der einzelne für sich selber muß sich aus Eingebung vorwärts bewegen, um zu leben. Nicht mit Hilfe anderer oder mit Wissen aus der Vergangenheit. Das wirkliche Leben wird durch Selbstentdeckung gelebt.
In der Nacht fällt Eingebung wie Regen auf die Welt und durchdringt unseren Geist, wenn wir schlafen.
Deshalb sind wir so gierig, so wild nach Schlaf.
Sie durchdringt alle klaren Geister.
Leute mit solchem Geist wachen auf, begierig, die Befehle der Eingebung auszuführen.

Sie fühlen sich energiegeladen und begeistert, und sie sind glücklich in der Aussicht auf das Leben.
Sie empfinden auch Befriedigung und spontane Dankbarkeit und sind voll von Abenteuergeist.
Wenn du die ganze Nacht denkst oder wenn du unter Drogen stehst, kann die Eingebung nicht in dich dringen. Dann wirst du trotz Widerstreben gezwungen, ein Gewohnheitsleben zu führen.
Wenn du dich während des Tages davon zurückhalten kannst, dein Leben zu intellektualisieren, und wenn du dich auch vor Träumen bewahren kannst, wirst du deine Möglichkeiten, Eingebung zu erfahren, verdoppeln. Du wirst dann sehr schnell vorwärtskommen.
Man glaubt allgemein, daß den Träumen die Erfüllung nachfolgt. Nichts liegt weiter von der Wahrheit entfernt. Diejenigen, die träumen, träumen, und diejenigen, die handeln können, handeln.
Was Kinder vorgeben, sind keine Träume. Sie spielen, und sie wissen es.
Kinder geben die vollkommene Antwort auf das Leben. Sie sehen alles als schön und vollkommen an und erzählen ihren Eltern oft, wie schön und großartig sie seien.
Kinder lieben ihre Eltern stets in vollkommener Liebe, unabhängig davon, wie die Eltern sind. Sie müssen lernen, Enttäuschungen zu ertragen, und das macht sie manchmal unglücklich.
Wenn wir ohne ein genügendes Maß an Eingebung leben – und sie ist der Antrieb zum Leben – neigen wir dazu, die vollkommene Antwort, die wir als Kinder gaben, zu vergessen und immer blinder zu werden.
Es ist notwendig, gänzlich *rechtsumkehrt* zu machen und unsere wahre Antwort zu suchen.
Du wirst denken: »Es ist leicht für Kinder, denn sie tragen keine Verantwortung«, doch ich versichere dir, daß du ebenfalls ohne Sorge oder Anstrengung eine vollkommene Antwort auf das Leben geben kannst.
Du mußt sehen, was du in den Augen deines Geistes tun mußt.
Du mußt dir Zeit nehmen.
Wegen des Durcheinanders, in dem es steckt, ist es für dein Inneres schwierig, zu dir durchzudringen.

Wenn du die Richtung erblickst, ist die notwendige Energie, um die Handlung durchzuführen, da. Wenn sie ausgeführt ist, wird die Energie weggenommen, damit du ausruhen kannst.
Wenn du dich müde fühlst, ist es, weil du nicht sehen kannst.
Wenn du den nächsten Schritt, den du machst, und das Glück, das du dabei empfindest, nicht sehen kannst – dann kannst du nicht sehen.
Wenn du nicht sehen kannst, dann mußt du dich zurückziehen, bis du siehst, was deine nächste Handlung ist.
Wenn du verwirrt und blind bist, gibt es keine Hilfe für dich, außer von deinem eigenen Inneren.
Aus deinem Inneren kommt alle Hilfe, die du brauchst.

The Current of the River of Life Moves Us

What we really want to do is serve happiness.
We want everyone to be happy, never unhappy even for a moment. We want the animals to be happy. The happiness of every living thing is what we want.
We want it very much but we cannot bring it about.
We cannot make even one individual happy.
It seems that this thing that we want most of all is out of our reach.
But we were born to serve happiness and we do serve it.
The confusion is due to our lack of awareness of real happiness.
Happiness is pervasive.
It is everywhere. And everywhere the same.
And it is forever.
When people are really happy they say: "This will last forever even after death", and that is true.
When we are unhappy it is because something is covering our minds and we are not able to be aware of happiness. When the difficulty is past we find happiness again.
It is not that happiness is all around us. That is not it at all. It is not this or that or in this or that.
It is an abstract thing.
Happiness is unattached. Always the same. It does not appear and disappear. It is not sometimes more and sometimes less. It is our awareness of happiness that goes up and down.
Happiness is our real condition.
It is reality.
It is life.
In this life, life is represented by beauty and happiness.
If you are completely unaware of them you are not alive.
The times when you are not aware of beauty and happiness you are not alive.
When we see life we call it beauty. It is magnificent – wonderful.
We may be looking at the ocean when we are aware of beauty

but it is not the ocean. We may be in the desert and we say that we are aware of the "living desert" but it is not the desert.
Life is ever present in the desert and everywhere, forever.
By awareness of life we are inspired to live.
Life is consciousness of life itself.
The measure of your life is the amount of beauty and happiness of which you are aware.
The life of an artist is a very good opportunity for life.
When we realize that we can see life we gradually give up the things that stand in the way of our complete awareness.
As we paint we move along step by step. We realize that we are guided in our work by awareness of life.
We are guided to greater expression of awareness and devotion to life.
We recognize the great exultation with life of great artists like Beethoven and we realize that all great artists praise and exult life.
The life of an artist is completely unmaterialistic, because beauty and happiness and life are all the same and they are pervasive, unattached and abstract and they are our only concern.
They are immeasurable, completely lacking in substance. They are perfect and sublime.
This is the subject matter of art.
Naturally artists become passionately devoted to life – not to material living, not to the conventional idea of life but to the life that we see.
The fields speak and the hills speak "as though with tongues" and what they say is wonderful.
You must say to yourself: "How can I best step into this state of mind and devote myself to the expression of life."
You must not be led astray into the illustration of ideas because that is not art work. It is ineffective even though it is often accepted for a short time. It does not contribute to happiness and it is finally discarded.
The art work in the Metropolitan Museum or the British Museum does not illustrate ideas.
The great and fatal pitfall in the art field and in life is dependence on the intellect rather than inspiration.
Dependence on intellect means a consideration of observed facts and deductions from observation as a guide in life.

Dependence on inspiration means dependence on consciousness, a growing consciousness that develops from awareness of beauty and happiness.
To live and work by inspiration you have to stop thinking.
You have to hold your mind still in order to hear inspiration clearly.
Even now you can hear it saying, "Yes" and "No". You look at a painting and say: "Is this it", and your mind answers and says: "Yes" or "No".
If it says "Yes" it means that you have just made the work that you should have made. What your mind says *never* applies to anyone else. This work is what is possible for you according to your awareness of life.
There are no criteria. No possibility for criticism.
By the use of intellect we have created a world of ideas that does not actually exist.
The political world is a structure conceived and agreed to by us but it is not a reality.
You have been conditioned to believe that this political world is in fact real.
With this conception it is believed that we have come into ownership of the world and that we are responsible for creating it. And with this concept we have placed ourselves in a condition of perpetual responsibility and reform.
But since we are not creating the world, since it was created before us and we are merely in it, and since we do not own it, our whole political concept is false.
It is untrue. It is not based in reality or true life.
An artist must see this and give up all reform and political considerations.
The world evolves due to changes that take place in individuals.
By individuals I mean all living things.
The world evolves due to a growing awareness in the lives of all things and is expressed in their actions.
The actions of all things are guided by a growing awareness of life.
We call it inspiration.
Living by inspiration is living. Living by intellect – by comparisons, calculations, schemes, concepts, ideas – is all a structure of pride in which there is not beauty or happiness – no life.

The intellectual is in fact death.
I will give you an example: If you were at the beach and keenly aware of the shining waves, the fragrant air, the freedom of mind, feeling happy and free – that is reality. That is life.
Now if someone came on the beach with a radio and tuned it to the news – that is the intellectual and political. You would feel the shock of moving suddenly from reality to unreality. You would be depressed and irritated.
The political is a negation of life. It is negative living, anti-life. The divide and own concept. The we are the creators concept is the concept of pride. Where pride walks nothing of life remains. It is the supreme destroyer of life. Pride leaves nothing in its path. It is death in life.
All great visionaries agree that we move in this life from death to life, from error to awareness of truth, from negation of life to total awareness and devotion, passionate devotion to life, from death to everlasting life, from blindness to enlightenment, from unconsciousness and dreams to consciousness.
I will describe to you the negative attitude toward life even though it is ineffective and of no account. The negative person has no respect for life, his own or anyone's. He is complaining and destructive and convinced that to get ahead in life he must take advantage of others. He is going to fight, born to fight – for his rights, for his ideas, in self-defence and for his advantage.
All aggressiveness is negative regardless of the cause, except in the defence of innocence. (In the defence of innocence we will all be very brave. No practice is needed.)
We must not worry about the negative attitude in others. When I say the negative is of no account I mean it is ineffective negatively in life. Since it is a part of life and life is positive it is of course positive. And we can see dimly how the Mafia for instance preying on the weak makes them turn away from pride in themselves.
Evil in life is the actions that result from lack of respect for life.
That is enough for death, now for real life.
In real life we get everything we want and need, just like the grass. It is all laid on.
Fate is kind.

You will look back in old age and say: "I had everything I really wanted."

When we see someone who has been poor all his life we think that he has been deprived but in reality he was unable to want more than he had. His lack of potential for life limited his life. He lacked energy, zest and gratitude.

Fate is kind.

At every moment we are presented with happiness, the sublime, absolute perfection. We are unable to grasp it due to the pull of death, commonly known as weakness.

Fate is kind.

In that beside the pull of death there is the pull of life, which is our desire to live fully and truly, a very strong pull indeed. When we engage in the battle with death the pull of life always wins. If death wins temporarily it means the battle is not over.

If you want life on your side or to be on the side of life against death you must surrender completely to life. You will have to make an about face because you have been conditioned to responsibility.

There are lots of parents who would like their children to be artists but when they get to this point of surrender to life they change their minds. Everyone who cannot himself surrender to life will be antagonistic.

It is in this way that an artist becomes a pariah. He is described as egocentric when in reality he sacrifices the most. The children of artists are very well off because their parents are guided by life, and life dictates that innocence must be protected *as the source*. The wives of artists also if they are more innocent than their husbands will be protected.

If you are on the side of life you are warned not to offend against innocence and if you disobey your own mind you are rendered helpless.

It is the same with painting. If the word from your mind is that the painting is not good enough and you decide to fight the world for it, you have rejected your inspiration and are rendered helpless.

But when you give up the painting and return for help, inspiration like a good mother returns and you are once more on your path.

Hold fast to your life, to beauty and happiness and inspiration, and to obedience to inspiration. Do not imitate others or seek advice anywhere except from your own mind. No-one can help you. No-one knows what your life should be. No-one knows what your life or life itself should be because it is in the process of being created.

Life moves according to a growing consciousness of life and is completely unpredictable.

If you live according to human knowledge, according to precept, values and standards, you live in the past.

If you live entirely in the past you will not know beauty or happiness and you will not in fact live.

You must believe in life. Believe that you can know the truth about life.

You must reject the idea that mankind is in control. That is the same as an ant believing that the anthill is life.

Since we are not in control we need not worry about life, nor about our own lives but wait in readiness.

Suffering in life being a part of life is also positive, since all of life is positive.

Suffering means that you have engaged to resist death and the battle of life and death is on. Life will win.

It was the pull of life that incited you to resist death. That is why I say that the current of the river of life moves us. Awareness of life, beauty and happiness is the current of the river.

With great awareness we move rapidly. With no awareness we do not move. Life moves on and we remain in death, in confusion and lack of happiness.

I am sure that all of you have had the vision of stepping into a boat and casting off and being afloat on the river of life. That vision is at the urging of life itself.

Those with a strong urge to adventure will move rapidly.

Those with security as a goal will not move.

Truth is the goal.

Truth at whatever the cost – the cost is high in suffering.

Those that want to live a true life that is a life that is guided by the conscious mind are surrounded by multitudes that are practically dedicated to ancestor worship.

The multitudes that believe that right and wrong are established and that all that is required is conformity.
The multitudes that give lip service to the transcendent but when the chips are down live a completely materialistic life of conquest and possession.
We don't have to think about the multitudes since all things in life are positive but I assure you that the state of mind necessary to create effective art work is just the opposite of the state of mind of the multitudes.
But we are still not rebels.
To rebel means to destroy existing circumstances. It is anti-life since life is the real creator.
I think you can see that it is life itself that creates life out of death.

Die Strömung des Lebensflusses bewegt uns

Was wir wirklich wollen, ist dem Glück dienen.
Wir möchten, daß alle glücklich sind, nie unglücklich, auch nur für einen Augenblick. Wir möchten, daß die Tiere glücklich sind. Das Glück eines jeden Lebewesens ist das, was wir wollen.
Wir wünschen es sehr, doch wir können es nicht herbeiführen.
Wir können nicht einmal einen einzigen Menschen glücklich machen.
Es scheint, daß diese Sache, die wir mehr als alles andere wollen, für uns unerreichbar ist.
Doch wir sind geboren, dem Glück zu dienen, und wir tun das auch.
Die Verwirrung kommt von unserer mangelnden Erkenntnis gegenüber dem wahren Glück.
Das Glück durchdringt alles.
Es ist überall.
Und überall dasselbe.
Und es ist ewig.
Wenn die Leute wirklich glücklich sind, sagen sie: »Das wird ewig dauern, sogar über den Tod hinaus«, und das ist wahr.
Wenn wir unglücklich sind, geschieht dies, weil unser Geist verschlossen ist und wir das Glück nicht erkennen können. Wenn diese Schwierigkeit überwunden ist, finden wir das Glück wieder.
Es ist nicht so, daß wir vom Glück vollständig umgeben wären.
Dem ist gar nicht so. Es ist nicht dieses oder jenes oder in diesem oder jenem.
Es ist etwas Abstraktes.
Das Glück ist ungebunden. Immer dasselbe. Es erscheint nicht und verschwindet nicht. Es ist nicht manchmal mehr und manchmal weniger. Es ist unsere Erkenntnis des Glücks, die zunimmt und abnimmt.
Glück ist unser wirklicher Zustand.
Es ist die Wirklichkeit.
Es ist das Leben.

In diesem Leben wird das Leben durch Schönheit und Glück verkörpert.
Wenn du gänzlich daran vorbeigehst, dann lebst du nicht.
In den Zeiten, da du Schönheit und Glück nicht erkennst, lebst du nicht.
Wenn wir das Leben sehen, nennen wir es Schönheit. Es ist großartig – wunderbar.
Wir betrachten vielleicht den Ozean, wenn wir die Schönheit erkennen, doch es ist nicht der Ozean. Wir sind vielleicht in der Wüste, und wir sagen, daß wir das »Leben der Wüste« wahrnehmen, doch es ist nicht die Wüste.
Das Leben ist allgegenwärtig in der Wüste und überall, für immer.
Durch die Erkenntnis des Lebens sind wir inspiriert zu leben.
Leben heißt, sich des Lebens bewußt sein.
Das Maß deines Lebens ist die Menge an Schönheit und Glück, die du erkennst.
Das Leben eines Künstlers ist eine sehr günstige Gelegenheit für das Leben.
Wenn wir erkennen, daß wir das Leben sehen können, geben wir nach und nach die Dinge auf, die unserer vollkommenen Erkenntnis im Wege stehen.
Im Malen bewegen wir uns Schritt für Schritt. Wir begreifen, daß wir in unserer Arbeit durch die Erkenntnis des Lebens geleitet werden.
Wir werden zu einem stärkeren Ausdruck von Erkenntnis und Ergebenheit dem Leben gegenüber geführt.
Wir erkennen die große Begeisterung großer Künstler wie Beethoven für das Leben, und wir begreifen, daß alle großen Künstler das Leben loben und preisen.
Das Leben eines Künstlers ist gänzlich unmaterialistisch, weil Schönheit, Glück und Leben dasselbe sind, und sie durchdringen alles und sind ungebunden und abstrakt, und sie sind unsere einzige Sorge.
Sie sind nicht meßbar, gänzlich unstofflich. Sie sind vollkommen und erhaben.
Dies ist der Gegenstand der bildenden Kunst.
Natürlich sind Künstler dem Leben leidenschaftlich ergeben – nicht dem materiellen Leben, nicht der herkömmlichen Idee vom Leben, sondern demjenigen Leben, das wir sehen.

Die Felder sprechen und die Hügel sprechen »wie mit Zungen«, und was sie sagen, ist wunderbar.
Du mußt dir sagen: »Wie kann ich am besten in diesen geistigen Zustand gelangen und mich der Darstellung des Lebens widmen?«
Du darfst dich nicht verleiten lassen, Gedanken darzustellen, denn das ist keine Kunst. Dies ist unwirksam, obwohl es oft für eine Weile akzeptiert wird. Es trägt nicht zum Glück bei und wird schließlich aufgegeben.
Die Kunstwerke im Metropolitan Museum oder im British Museum stellen nicht Gedanken dar.
Die tiefe und fatale Fallgrube in der bildenden Kunst und im Leben ist die Abhängigkeit vom Intellekt statt von der Eingebung.
Abhängigkeit vom Intellekt heißt, über beobachtete Tatsachen nachzudenken und Folgerungen aus Beobachtungen als Leitfaden für das Leben zu betrachten.
Abhängigkeit von der Eingebung heißt Abhängigkeit vom Bewußtsein, einem wachsenden Bewußtsein, das sich entwickelt aus der Erkenntnis von Schönheit und Glück.
Um aus der Eingebung zu leben und zu arbeiten, mußt du aufhören zu denken.
Du mußt deinen Geist ruhig halten, um die Eingebung deutlich hören zu können.
Sogar jetzt kannst du sie hören, wie sie »Ja« und »Nein« sagt. Du betrachtest ein Gemälde und sagst: »Ist es das?«, und dein Inneres sagt »Ja« oder »Nein«.
Wenn es »Ja« sagt, heißt das, daß du gerade das Kunstwerk geschaffen hast, das du machen solltest. Was dein Inneres sagt, bezieht sich *nie* auf jemand anderen. Dieses Werk ist das, was dir aufgrund deiner Erkenntnis des Lebens möglich ist.
Es gibt keine Kriterien. Keine Möglichkeit der Kritik.
Durch den Gebrauch des Intellekts haben wir eine Gedankenwelt geschaffen, die nicht wirklich existiert.
Die politische Welt ist eine von uns ersonnene und genehmigte Struktur, aber sie ist keine Realität.
Du wurdest gelehrt zu glauben, daß diese politische Welt tatsächlich der Wirklichkeit entspricht.
Aufgrund dieser Auffassung glaubt man, daß wir in den Besitz

der Welt gelangt und für deren Erschaffung verantwortlich seien. Und mit dieser Vorstellung haben wir uns in einen Zustand immerwährender Verantwortung und Verbesserung versetzt.
Doch da wir die Welt nicht erschaffen, weil sie vor uns erschaffen wurde, und wir uns nur auf ihr befinden, und da wir sie nicht besitzen, ist unsere ganze politische Vorstellung falsch.
Sie ist unwahr. Sie gründet nicht auf der Wirklichkeit oder auf dem wahren Leben.
Ein Künstler muß dies einsehen und jegliche Reform und politische Überlegung aufgeben.
Die Welt entwickelt sich dank der Veränderungen, die in jedem einzelnen stattfinden. Mit jedem einzelnen meine ich alle Lebewesen.
Die Welt entwickelt sich dank einer wachsenden Erkenntnis im Leben aller Lebewesen und drückt sich in ihren Handlungen aus.
Die Handlungen aller Lebewesen werden geleitet durch eine wachsende Erkenntnis des Lebens.
Wir nennen sie Eingebung.
Aus der Eingebung leben ist leben. Aus dem Intellekt leben – aus Vergleichen, Berechnungen, Plänen, Vorstellungen, Gedanken – ist nur eine vom Hochmut diktierte Struktur, in der es keine Schönheit oder Freude gibt – kein Leben.
Das intellektuelle Leben ist tatsächlich der Tod.
Ich gebe dir ein Beispiel: Wenn du am Strand wärst, die glänzenden Wellen, die wohlriechende Luft, die Freiheit des Geistes intensiv wahrnähmst und dich glücklich und frei fühltest – das ist die Wirklichkeit. Das ist das Leben.
Wenn jetzt jemand mit einem Radio an den Strand käme und die Nachrichten einschaltete. Das ist intellektuell und politisch. Du würdest den Schock spüren, auf einmal von der Wirklichkeit ins Unwirkliche zu fallen. Du wärst bedrückt und irritiert.
Das Politische ist eine Verneinung des Lebens. Es ist negatives Leben, Anti-Leben. Das Teile-und-Herrsche Konzept. Das Wir-sind-die-Schöpfer Konzept ist das Konzept des Hochmuts. Wo der Stolz herrscht, bleibt nichts vom Leben übrig. Er ist der allmächtige Zerstörer des Lebens. Der Hochmut zerstört alles auf seinem Weg. Er ist der Tod im Leben.

Alle großen Visionäre sind sich einig darin, daß wir uns in diesem Leben vom Tod zum Leben hin bewegen, vom Irrtum zur Erkenntnis der Wahrheit, von der Verneinung des Lebens zur vollkommenen Erkenntnis und Hingabe, zur leidenschaftlichen Hingabe an das Leben, vom Tod zum ewigen Leben, von der Blindheit zur Erleuchtung. Vom Unbewußten und vom Traum zur Bewußtheit.

Ich werde euch die negative Haltung gegenüber dem Leben beschreiben, auch wenn es fruchtlos und ohne Bedeutung ist. Der negative Mensch hat keinen Respekt für das Leben, weder für sein eigenes, noch für dasjenige anderer. Er beklagt sich, ist destruktiv und überzeugt davon, daß man andere ausnutzen muß, um im Leben vorwärtszukommen. Er wird kämpfen – er ist geboren, um zu kämpfen – für seine Rechte, für seine Ideen, zur Selbstverteidigung und zu seinem Nutzen.

Alle Aggressivität ist negativ, aus welchem Anlaß auch immer, außer zur Verteidigung der Unschuld. (In der Verteidigung der Unschuld werden wir alle sehr tapfer sein, dazu braucht es keine Übung.)

Wir sollten uns keine Gedanken über die negative Haltung anderer machen. Wenn ich sage, daß das Negative ohne Bedeutung sei, meine ich, daß es keinen negativen Einfluß auf das Leben ausübt. Weil es ein Teil des Lebens ist und weil das Leben positiv ist, ist es selbstverständlich positiv. Und wir können ganz schwach erkennen, wie beispielsweise die Mafia, deren Opfer die Schwachen sind, bewirkt, daß diese sich vom eigenen Hochmut abwenden.

Das Böse im Leben sind die Handlungen, die sich aus dem mangelnden Respekt für das Leben ergeben.

Das ist genug vom Tod, jetzt zum richtigen Leben.

Im richtigen Leben bekommen wir alles, was wir wollen und brauchen, gerade wie das Gras. Alles ist so angelegt.

Das Schicksal ist gütig.

Im hohen Alter wirst du zurückschauen und sagen: »Ich hatte alles, was ich wirklich wollte.«

Wenn wir jemanden sehen, der sein ganzes Leben arm war, denken wir, daß er Entbehrungen in Kauf nehmen mußte, aber in Wirklichkeit war er unfähig, mehr zu wollen, als er besaß. Sein Mangel an Lebenskraft beschränkte sein Leben. Ihm fehlten Energie, Lebenshunger und Dankbarkeit.

Das Schicksal ist gütig.
In jedem Augenblick werden wir mit Freude, mit dem Erhabenen, mit absoluter Vollkommenheit beschenkt. Wir können sie nicht erfassen wegen der Anziehung des Todes, allgemein als Schwäche bekannt.
Das Schicksal ist gütig.
Darin, daß es neben der Anziehungskraft des Todes die Anziehungskraft des Lebens gibt, unseren Wunsch, voll und ganz zu leben, besteht tatsächlich eine sehr starke Anziehungskraft. Wenn wir uns dem Kampf mit dem Tod stellen, gewinnt immer die Anziehungskraft des Lebens. Wenn der Tod vorübergehend gewinnt, heißt das, daß der Kampf nicht zu Ende ist.
Wenn du willst, daß das Leben auf deiner Seite steht, oder wenn du auf der Seite des Lebens gegen den Tod einstehen willst, so mußt du dem Leben vollständig ergeben sein. Du wirst eine Kehrtwendung machen müssen, weil du zur Verantwortung erzogen worden bist.
Es gibt viele Eltern, die möchten, daß ihre Kinder Künstler werden, doch wenn sie an diesen Punkt der Ergebenheit dem Leben gegenüber gelangen, überlegen sie es sich anders. Jeder, der sich nicht selbst dem Leben ergeben kann, wird zum Widersacher.
So wird der Künstler zum Paria. Er, der in Wirklichkeit am meisten Opfer bringt, wird als egozentrisch dargestellt. Die Kinder der Künstler haben es sehr gut, weil ihre Eltern vom Leben geleitet werden, und das Leben fordert, daß die Unschuld *als die Quelle* beschützt werden muß. Die Frauen der Künstler, wenn sie unschuldiger als ihre Männer sind, werden auch beschützt werden.
Wenn du auf der Seite des Lebens stehst, bist du gewarnt, die Unschuld nicht zu beleidigen, und wenn du gegenüber deinem eigenen Inneren ungehorsam bist, wirst du hilflos.
Mit der Malerei ist es gleich. Wenn das Urteil, das aus deinem Inneren kommt, lautet, daß das Bild nicht gut genug sei, und du deswegen beschließt, den Kampf mit der Welt aufzunehmen, so hast du deine Eingebung verschmäht und du wirst hilflos gemacht.
Doch wenn du das Bild aufgibst und nach Hilfe Ausschau hältst, kommt die Eingebung wie eine gute Mutter zurück, und du bist wieder auf deinem Weg.

Halte fest an deinem Leben, an der Schönheit, der Freude und Eingebung und dem Gehorsam gegenüber der Eingebung. Ahme nicht andere nach und suche an keinem Ort Rat, außer bei deinem eigenen Inneren. Niemand kann dir helfen. Niemand weiß, wie dein Leben sein sollte. Niemand weiß, wie dein Leben oder das Leben selbst sein sollte, weil es im Begriff ist, erst erschaffen zu werden.

Das Leben bewegt sich entsprechend der wachsenden Erkenntnis des Lebens und ist in keiner Weise vorhersagbar.

Wenn du nach menschlichem Wissen, nach Vorschriften, Werten und Richtmaßen lebst, dann lebst du in der Vergangenheit.

Wenn du gänzlich in der Vergangenheit lebst, wirst du die Schönheit und die Freude nicht kennen, und du wirst nicht wirklich leben.

Du mußt an das Leben glauben. Glauben, daß du die Wahrheit über das Leben erkennen kannst.

Du mußt die Idee, daß der Mensch die Kontrolle ausübe, ablehnen – das wäre, wie wenn eine Ameise glaubte, daß der Ameisenhügel das Leben sei.

Weil wir nicht über alles Kontrolle ausüben, brauchen wir uns um das Leben und um unser eigenes Leben keine Sorgen zu machen, sondern sind bereit und warten.

Im Leben ist auch Leiden positiv, weil es ein Teil des Lebens ist, weil alles Leben positiv ist.

Leiden heißt, daß du dich verpflichtet hast, dem Tod zu widerstehen, und der Kampf zwischen Leben und Tod ist im Gang. Das Leben wird gewinnen.

Es war die Anziehungskraft des Lebens, die dich dazu ansporte, dem Tod zu widerstehen. Darum sage ich, daß die Strömung des Lebensflusses uns bewegt. Das Erkennen von Leben, Schönheit und Freude ist die Strömung des Flusses.

Mit großer Erkenntnis bewegen wir uns rasch. Ohne Erkenntnis bewegen wir uns nicht. Das Leben geht vorwärts, und wir verbleiben im Tod, in der Verwirrung und im Mangel an Freude.

Ich bin sicher, daß jeder von euch sich schon vorgestellt hat, ein Boot zu besteigen, abzustoßen und auf dem Fluß des Lebens zu schwimmen. Diese Vorstellung entsteht aus dem Drang zu leben selbst.

Diejenigen mit einem starken Drang zum Abenteuer werden sich schnell bewegen.
Diejenigen, die Sicherheit zum Ziel haben, werden sich nicht bewegen.
Die Wahrheit ist das Ziel.
Wahrheit um jeden Preis – der Preis an Leiden ist hoch.
Diejenigen, die ein wirkliches Leben leben möchten, das heißt ein Leben, das vom bewußten Geist geleitet wird, sind umgeben von den Vielen, die sich eigentlich dem Ahnenkult widmen.
Die Vielen, die glauben, daß Recht und Unrecht festgelegt sind und daß alles, was verlangt wird, Anpassung ist.
Die Vielen, die Lippenbekenntnisse gegenüber dem Transzendenten abgeben, die jedoch, wenn die Würfel gefallen sind, ein vollkommen materialistisches Leben von Eroberung und Besitz leben.
Wir müssen uns über die Vielen keine Gedanken machen, weil alles im Leben positiv ist, doch ich versichere euch, daß der Geisteszustand, der nötig ist, um wirkende Kunst zu schaffen, genau das Gegenteil des Geisteszustandes der Vielen ist.
Aber wir sind dennoch keine Rebellen.
Rebellieren heißt bestehende Zustände zerstören. Es ist Anti-Leben, weil das Leben der wirkliche Schöpfer ist.
Ich glaube, daß ihr seht, daß das Leben selbst Leben aus dem Tod erschafft.

Beauty Is the Mystery of Life

When I think of art I think of beauty. Beauty is the mystery of life. It is not in the eye it is in the mind. In our minds there is awareness of perfection.

We respond to beauty with emotion. Beauty speaks a message to us. We are confused about this message because of distractions. Sometimes we even think that it is in the mail. The message is about different kinds of happiness and joy. Joy is most successfully represented in Beethoven's ninth Symphony and by the Parthenon.

All art work is about beauty; all positive work represents it and celebrates it. All negative art protests the lack of beauty in our lives.

When a beautiful rose dies beauty does not die because it is not really in the rose. Beauty is an awareness in the mind. It is a mental and emotional response that we make. We respond to life as though it were perfect. When we go into a forest we do not see the fallen rotting trees. We are inspired by a multitude of uprising trees. We even hear a silence when it is not really silent. When we see a newborn baby we say it is beautiful – perfect.

The goal of life is happiness and to respond to life as though it were perfect is the way to happiness. It is also the way to positive art work.

It is not in the role of an artist to worry about life – to feel responsible for creating a better world. This is a very serious distraction. All of your conditioning has been directed toward intellectual living. This is useless in art work. All human knowledge is useless in art work. Concepts, relationships, categories, classifications, deductions are distractions of mind that we wish to hold free for inspiration.

There are two parts of the mind. The outer mind that records facts and the inner mind that says "yes" and "no". When you think of something that you should do the inner mind says "yes" and you feel elated. We call this inspiration.

For an artist this is the only way. There is no help anywhere. He must listen to his own mind.
The way of an artist is an entirely different way. It is a way of surrender. He must surrender to his own mind.
When you look in your mind you find it covered with a lot of rubbishy thoughts. You have to penetrate these and hear what your mind is telling you to do. Such work is original work. All other work made from ideas is not inspired and it is not art work.
Art work is responded to with happy emotions. Work about ideas is responded to with other ideas. There is so much written about art that it is mistaken for an intellectual pursuit.
It is quite commonly thought that the intellect is responsible for everything that is made and done. It is commonly thought that everything that is can be put into words. But there is a wide range of emotional response that we make that cannot be put into words. We are so used to making these emotional responses that we are not consciously aware of them till they are represented in art work.
Our emotional life is really dominant over our intellectual life but we do not realize it.
You must discover the art work that you like and realize the response that you make to it. You must especially know the response that you make to your own work. It is in this way that you discover your direction and the truth about yourself. If you do not discover your response to your own work you miss the reward. You must look at the work and know how it makes you feel.
If you are not an artist you can make discoveries about yourself by knowing your response to work that you like.
Ask yourself: "What kind of happiness do I feel with this music or this picture."
There is happiness that we feel without any material stimulation We may wake up in the morning feeling happy for no reason. Abstract or non objective feelings are a very important part of our lives. Personal emotions and sentimentality are anti-art.
We make art work as something that we have to do not knowing how it will work out. When it is finished we have to see if it is effective. Even if we obey inspiration we cannot expect all

the work to be successful. An artist is a person who can recognize failure.
If you were a composer you would not expect everything you played to be a composition. It is the same in the graphic arts. There are many failures.
Art work is the only work in the world that is unmaterialistic. All other work contributes to human welfare and comfort. You can see from this that human welfare and comfort are not the interests of the artist. He is irresponsible because his life goes in a different direction. His mind will be involved with beauty and happiness. It is possible to work at something other than art and maintain this state of mind and be moving ahead as an artist. The unmaterial interest is essential.
The newest trend and the art scene are unnecessary distractions for a serious artist. He will be much more rewarded responding to art of all times and places. Not as art history but considering each piece and its value to him.
You can't think "My life is more important than the work" and get the work. You have to think the work is paramount in your life. An artist's life is adventurous. One new thing after another. I have been talking directly to artists but it applies to all. Take advantage to the awareness of perfection in your mind. See perfection in every thing around you. See if you can discover your true feelings when listening to music. Make happiness your goal. The way to discover the truth about this life is to discover yourself. Say to yourself: "What do I like and what do I want." Find out exactly what you want in life. Ask your mind for inspiration about everything.
Beauty illustrates happiness; the wind in the grass, the glistening waves following each other, the flight of birds, all speak of happiness.
The clear blue sky illustrates a different kind of happiness and the soft dark night a different kind. There are an infinite number of different kinds of happiness.
The response is the same for the observer as it is for the artist. The response to art is the real art field.
Composition is an absolute mystery. It is dictated by the mind. The artist searches for certain sounds or lines that are acceptable to the mind and finally an arrangement of them that is accept-

able. The acceptable compositions arouse certain feelings of appreciation in the observer. Some compositions appeal to some and some to others.

But if they are not accepted by the artist's mind they will not appeal to anyone. Composition and acceptance by mind are essential to art work. Commercial art is consciously made to appeal to the senses which is quite different. Art work is very valuable and it is also very scarce. It takes a great deal of application to make a composition that is totally acceptable. Beethoven's symphonies with every note composed represent a titanic human effort.

To progress in life you must give up the things that you do not like. Give up doing the things that you do not like to do. You must find the things that you do like. The things that are acceptable to your mind.

You can see that you will have to have time to yourself to find out what appeals to your mind. While you go along with others you are not really living your life. To rebel against others is just as futile. You must find your way.

Happiness is being on the beam with life – to feel the pull of life.

Schönheit ist das Geheimnis des Lebens

Wenn ich an Kunst denke, denke ich an Schönheit. Schönheit ist das Geheimnis des Lebens. Sie liegt nicht im Auge, sie liegt im Inneren. In unserem Inneren gibt es Erkenntnis von Vollkommenheit.

Wir reagieren auf Schönheit mit Gefühlen. Schönheit wendet sich mit einer Botschaft an uns. Wegen der Ablenkungen verstehen wir diese Botschaft nicht. Manchmal glauben wir sogar, daß sie mit der Post kommt. Die Botschaft handelt von verschiedenen Arten von Glück und Freude. Am besten ist Freude in Beethovens neunter Sinfonie und im Parthenon dargestellt.

Jedes Kunstwerk handelt von Schönheit; jedes positive Werk verkörpert und verherrlicht sie. Alle negative Kunst protestiert gegen den Mangel an Schönheit in unserem Leben.

Wenn eine schöne Rose stirbt, so stirbt die Schönheit nicht, denn sie ist nicht wirklich in der Rose. Schönheit ist eine Erkenntnis im Inneren. Sie ist eine Reaktion unseres Inneren und unseres Gefühls. Wir reagieren auf das Leben, als sei es vollkommen. Wenn wir in einen Wald gehen, sehen wir nicht die umgestürzten, vermodernden Bäume. Wir sind inspiriert von der Menge der aufstrebenden Bäume. Wir hören sogar Stille, wenn es nicht wirklich still ist. Wenn wir ein neugeborenes Kind sehen, sagen wir, es sei schön – vollkommen.

Das Ziel des Lebens ist Glück, und auf das Leben zu reagieren, als sei es vollkommen, ist der Weg zum Glück. Das ist auch der Weg zum positiven Kunstwerk.

Es liegt nicht in der Rolle eines Künstlers, sich um das Leben zu sorgen, sich für die Erschaffung einer besseren Welt verantwortlich zu fühlen. Dies ist eine sehr ernstliche Ablenkung. Deine ganzen Verhältnisse sind auf das intellektuelle Leben ausgerichtet. Dies ist für künstlerische Arbeit nutzlos. Alles menschliche Wissen ist für die künstlerische Arbeit nutzlos. Konzepte, Beziehungen, Kategorien, Klassifikationen, Deduktionen sind für unseren Geist, den wir für Eingebung offenhalten wollen, nur Ablenkung.

Es gibt zwei Teile des Geistigen. Den äußeren, der Tatsachen registriert, und den inneren, der »Ja« und »Nein« sagt. Wenn du an etwas denkst, das du tun sollst, sagt das Innere »Ja«, und du bist in froher Stimmung. Dies nennen wir Eingebung.
Für einen Künstler ist das der einzige Weg. Es gibt nirgendwo Hilfe. Er muß auf sein Inneres hören.
Der Weg eines Künstlers ist ein ganz besonderer Weg. Es ist ein Weg der Hingabe. Er muß sich seinem Inneren hingeben.
Wenn du in dein Inneres schaust, findest du es mit einer Menge Gedankenmüll bedeckt. Du mußt in ihn eindringen und zuhören, was dein Inneres dich tun heißt. Eine solche Arbeit ist eigentliche Arbeit. Jeder anderen Arbeit, die aus Gedanken entstanden ist, fehlt die Eingebung, und sie ist keine künstlerische Arbeit.
Auf künstlerische Arbeit reagiert man mit Gefühlen von Glück. Auf Gedankenarbeit reagiert man mit Gedanken. Es wird so viel über Kunst geschrieben, daß sie mit einer intellektuellen Beschäftigung verwechselt wird.
Man denkt gemeinhin, daß der Intellekt für alles verantwortlich ist, was wir tun und lassen. Man denkt gemeinhin, daß wir alles im Leben in Worte fassen können. Doch es gibt einen großen Bereich von Gefühlsreaktionen, die wir nicht in Worte fassen können. Wir sind so an diese Gefühlsreaktionen gewöhnt, daß wir sie nicht bewußt erkennen, bis wir sie in Kunstwerken wiederfinden.
In Wirklichkeit beherrscht unser Gefühlsleben unser intellektuelles Leben, doch wir merken es nicht.
Du mußt das Kunstwerk entdecken, das du liebst, und auf deine Reaktion ihm gegenüber achten. Du mußt besonders deine Reaktion gegenüber deinen eigenen Werken kennenlernen. So entdeckst du deine Ziele und die Wahrheit über dich selber. Wenn du deine Reaktion auf deine eigenen Arbeiten nicht herausfindest, kommst du um die Belohnung. Du mußt das Werk betrachten und lernen, welche Gefühle es in dir hervorruft.
Wenn du kein Künstler bist, kannst du Entdeckungen bei dir selber machen, indem du deine Reaktion auf Kunstwerke, die du magst, kennenlernst.
Frage dich selber: »Welche Art von Glück empfinde ich bei dieser Musik oder bei jenem Bild?«

Es gibt ein Glück, das wir ohne jede materielle Anregung empfinden. Wir können morgens aufwachen und uns ganz ohne Grund glücklich fühlen. Abstrakte oder nicht auf Dinge bezogene Gefühlsregungen sind ein sehr wichtiger Teil unseres Lebens. Persönliche Empfindungen und Sentimentalität sind Anti-Kunst.

Wir machen Kunst als etwas, das wir tun müssen, ohne zu wissen, wie es herauskommt. Wenn es fertig ist, müssen wir sehen, ob es fruchtbar geworden ist. Auch wenn wir der Eingebung Folge leisten, können wir nicht erwarten, daß alle Arbeit gelingt. Ein Künstler ist jemand, der das Mißlungene erkennen kann.

Wenn du ein Komponist wärst, würdest du nicht erwarten, daß alles, was du spielst, eine Komposition ist. Ebenso ist es in der bildenden Kunst. Es gibt viel Mißlungenes.

Künstlerische Arbeit ist die einzige Arbeit auf der Welt, die nicht materialistisch ist. Jede andere Arbeit trägt zum Wohlergehen und zur Behaglichkeit der Menschen bei. Dies zeigt, daß sich der Künstler nicht für Wohlergehen und Behaglichkeit der Menschen interessiert. Er ist dafür nicht verantwortlich, denn sein Leben führt in eine andere Richtung. Sein Inneres wird sich auf Schönheit und Glück einlassen. Es ist möglich, an etwas anderem als an Kunst zu arbeiten und dennoch diesen Geisteszustand zu behalten und sich als Künstler vorwärts zu bewegen. Entscheidend ist das unmaterialistische Interesse.

Der neueste Trend und die Kunstszene sind überflüssige Ablenkungen für einen ernsthaften Künstler. Er wird viel reicher belohnt werden, wenn er auf die Kunst aller Zeiten und Länder reagiert. Nicht im Sinne von Kunstgeschichte, sondern indem er jedes einzelne Stück und dessen Wert für ihn selber betrachtet.

Du kannst nicht denken: »Mein Leben ist wichtiger als die Arbeit«, und schon bist du so weit. Du mußt denken, die Arbeit sei das Höchste in deinem Leben. Das Leben eines Künstlers ist abenteuerlich. Eine neue Sache nach der anderen.

Ich habe darüber mit Künstlern direkt gesprochen, aber es geht alle an. Mach dir die Erkenntnis der Vollkommenheit in deinem Inneren zunutze. Finde Vollkommenheit in allem, was dich umgibt. Schau, ob du deine wahren Gefühle entdecken kannst, wenn du Musik hörst. Mach Glück zu deinem Ziel. Der Weg zur

Wahrheit über dieses Leben liegt im Entdecken deiner selbst. Sag zu dir selber: »Was mag ich und was will ich?« Finde heraus, was du im Leben genau willst. Frag dein Inneres nach Eingebung in bezug auf alles.
Schönheit veranschaulicht das Glück; der Wind im Gras, die glitzernden Wellen in ihrer stetigen Abfolge, der Flug der Vögel, alles spricht vom Glück.
Der klare blaue Himmel veranschaulicht eine Art von Glück und die weiche dunkle Nacht eine andere. Es gibt unzählige verschiedene Arten des Glücks.
Die Reaktion ist für den Betrachter dieselbe wie für den Künstler. Die Reaktion auf die Kunst ist das eigentliche Feld der Kunst.
Komposition ist ein absolutes Geheimnis. Sie wird vom Inneren diktiert. Der Künstler sucht nach bestimmten Klängen oder Linien, die seinem Inneren angenehm erscheinen, und schließlich nach einer Anordnung, die angenehm ist. Die angenehmen Kompositionen rufen im Betrachter bestimmte Gefühle von Wohlgefallen hervor. Manche Kompositionen sprechen diesen an und manche jenen.
Doch wenn sie im Inneren des Künstlers keinen Anklang finden, werden sie niemanden ansprechen. Komposition und Anklang im Inneren sind wesentlich für das Kunstwerk. Kommerzielle Kunst wird bewußt gemacht, um die Sinne anzusprechen, und das ist etwas ganz anderes. Ein Kunstwerk ist sehr kostbar, und zugleich ist es sehr selten. Es bedarf großen Fleißes, um eine Komposition zu schaffen, die gänzlich angenehm ist. Mit jeder einzelnen komponierten Note stellen Beethovens Sinfonien eine gigantische menschliche Leistung dar.
Um im Leben vorwärtszukommen, mußt du die Dinge aufgeben, die du nicht magst. Gib es auf, Dinge zu tun, die du nicht magst. Du mußt die Dinge finden, die du magst. Die Dinge, die deinem Inneren angenehm sind.
Du kannst sehen, daß du für dich Zeit benötigst, um herauszufinden, was dein Inneres anspricht. Wenn du mit anderen vorwärts gehst, lebst du dein Leben nicht wirklich. Sich gegen andere aufzulehnen, ist genauso sinnlos. Du mußt deinen Weg finden.
Glück bedeutet, mit dem Leben auf gleichem Kurs zu sein – den Zug des Lebens zu spüren.

Notes to the Texts

Preface

p. 7, "My paintings have neither object nor space...": Ann Wilson, "Linear Webs", *Art and Artists*, vol. 1, no. 7 (October 1966): p. 49.

"A Personal Statement", in: *Agnes Martin* [Catalog]. Munich: Kunstraum, 1973, p. 78. This often quoted statement is not authentical; therefore we do not reprint it here. See Agnes Martin's letter dated October 15, 1975, to Suzanne Delehanty, deposited at the Institute of Contemporary Art, University of Pennsylvania, Philadelphia.

Notes

First printing (Facsimile of the manuscripts): *Agnes Martin*. [Catalog]. Munich: Kunstraum, 1973, pp. 61–77. These notes were deposited by the artist at the Institute of Contemporary Art of the University of Pennsylvania, Philadelphia in 1972.
p. 15, "In graphic arts and all the arts...": In a recent interview Agnes Martin explains this idea: "The trouble is, people will interpret an interest in perfection as a matter of technique, whereas technique has nothing to do with it. In art and in life, technique is a hazard. To live with technique – do you see how awful that would be?" "What's the opposite of technique?" "Well, form, I guess." (Mark Stevens, "Thin Gray Line", *Vanity Fair*, March 1989, p. 56.)
p. 16, "Huang Po, page 50, John Blofeld": "A Buddha has three bodies. By the Dharmakāya is meant the Dharma of the omnipresent voidness of the real self-existent Nature of everything. By the Sambhogakāya is meant the Dharma of the underlying universal purity of things. By the Nirmānakāya is meant the Dharma of the six practices leading to Nirvāna and all other such devices." (*The Zen Teaching of Huang Po on the Transmission of Mind*. Rendered into English by John Blofeld. New York: Grove Press, 1959, p. 50.)
p. 16, "Good criticism by Robert Coates": In his review "The Art Galleries: Variations on Themes" (*The New Yorker*, vol. XXXVII, no. 35 (October 14, 1961): pp. 202–204 and 207) Robert M. Coates wrote about the exhibitions of Agnes Martin in the Betty Parsons Gallery and of Josef Albers in the Sidney Janis Gallery: "There are a few such linkages (slight enough, to be sure) in the current week's offerings – between, for instance, the paintings of Josef Albers, now on view at the Janis, and those of Agnes Martin, at the Parsons (both of whom see life through a screen of rectangles), [...] The relation between Miss Martin and Albers is more tenuous, and there is also a

considerable gap between them in age and experience; she is a relative newcomer, and he is a veteran dating back to the Bauhaus days. I especially liked one of Miss Martin's works – *The White Flower*, with its tiny reticulations of white on gray – and her approach is sensitive and ingenious throughout. Albers, on the other hand, though he still confines his canvases uncompromisingly to the celebration of the rectangle and the square, ranks among the master colorists of our day, and the very rigidity of his design leaves one free to enjoy his coloristic daring and astuteness to the utmost."
p. 18, "The Thinking Reed": Title of a destroyed painting from the fifties.

Answer to an inquiry

First printing: Lucy Lippard, "Homage to the Square", *Art in America*, vol. 55, no. 4 (July/August 1967): p. 55.

Reflections

First printing: *Artforum*, vol. XI, no. 8 (April 1973): p. 38. The text was transcribed in December 1972 by Lizzie Borden after an interview with the artist.

The Untroubled Mind

First printing: *Agnes Martin*. [Catalog]. Philadelphia: Institute of Contemporary Art, University of Pennsylvania, 1973, pp. 17–24. The text was transcribed by Ann Wilson after conversations with the artist she had in the summer of 1972.
p. 36, "I painted a painting called *Milk River*": *Milk River*, 1963, oil and pencil on canvas, 72″x72″ (Whitney Museum of American Art, Larry Aldrich Foundation Fund).
p. 37, "I saw the plains driving out of New Mexico...": Agnes Martin speaks of this same experience in an interview: "One time, I was coming out of the mountains, and having painted the mountains, I came out on this plain, and I thought, Ah! What a relief! (This was just outside of Tulsa.) I thought, This is for me! The expansiveness of it. I sort of surrendered. This plain... it was just like a straight line. It was a horizontal line. And I thought there wasn't a line that affected me like a horizontal line. Then, I found that the more I drew that line, the happier I got. First I thought it was like the sea... then, I thought it was like singing! Well, I just went to town on this horizontal line. But I didn't like it without *any* verticals. And I thought to myself, there aren't too many verticals I like. But I did put a few in there. Finally, I was putting in almost as many verticals as horizontals. But, I assure you, that after looking at the work of students, they think that artists such as myself are involved with structure. Well, I've been doing those grids for years, but I never thought 'Structure'. Structure is not the process of composition. Why, even musical compositions, which are very formally structured, are not about structure. Because the musical composer *listens*. He doesn't think about structure. So you must say that my work is *not* about structure." (John Gruen, "Agnes Martin: 'Everything, Everything is About

Feeling… Feeling and Recognition'", *Art News*, vol. 75, no. 7 (September 1976): p. 94).
p. 39, "From Isaiah, about inspiration": see Isaiah, 40, 6–8: "A voice says, 'Cry out!' And I said, 'What shall I cry?' All people are grass, their constancy is like the flower of the field. The grass withers, the flower fades, when the breath of the Lord blows upon it; surely the people are grass. The grass withers, the flower fades; but the word of our God will stand forever."

Willie Stories
First printing: *Agnes Martin.* [Catalog]. Philadelphia: Institute of Contemporary Art, University of Pennsylvania, 1973, p. 28. The text was transcribed by Ann Wilson after the narration of the artist.

Parable of the Equal Hearts
First printing: *Agnes Martin.* [Catalog]. Philadelphia: Institute of Contemporary Art, University of Pennsylvania, 1973, p. 31. The text was transcribed by Ann Wilson after the narration of the artist.
p. 59, "I painted a painting called *This Rain.*": There is a painting of that title from 1960 in a private collection.

Lecture at Cornell University
First printing: "The Untroubled Mind [Part 2]", in: *Agnes Martin.* [Catalog]. Philadelphia: Institute of Contemporary Art, University of Pennsylvania, 1973, p. 24. This text was transcribed by Ann Wilson from Agnes Martin's notes for a lecture given at Cornell University, Ithaca, NY, in January 1972

On the Perfection Underlying Life
First printing (Facsimile of the manuscript): *Agnes Martin.* [Catalog]. Munich: Kunstraum, 1973, pp. 35–60. These notes were originally prepared for a lecture at the Institute of Contemporary Art, University of Pennsylvania, Philadelphia, on February 14, 1973.
p. 70, "Dry Bones": See the parable of the resurrection of the dry bones in the book of Ezekiel, 37.

Advice to Young Artists
Unpublished. Manuscript deposited at the Institute of Contemporary Art, University of Pennsylvania, Philadelphia.

The Still and Silent in Art
Unpublished. This comment on the silkscreen portfolio *On a Clear Day*, published in 1974 by Parasol Press, New York, was written in answer to a question from an editor of *Art Forum:* "Is Graphic Art on the way out?" Manuscript deposited at the Institute of Contemporary Art, University of Pennsylvania, Philadelphia.

What Is Real?

First printing (Facsimile of the manuscript): *Agnes Martin: Paintings and Drawings 1957–1975.* [Catalog]. London: The Arts Council of Great Britain, 1977, pp. 17–39. This is the text of a lecture given at Yale University, New Haven, Connecticut, on April 5, 1976; a copy of the manuscript bearing the title *What Is Real* is deposited in the archive of the Institute of Contemporary Art, University of Pennsylvania, Philadelphia.

p. 93, "We are in the midst of reality responding with joy": See Agnes Martin's description of the work of the painters of abstract expressionism: "Rothko's painting is pure devotion to reality. That's what it is! [...] Barney Newman's paintings are about the joy of recognition of reality. Pollock's are about complete freedom and acceptance." (John Gruen, "Agnes Martin: 'Everything, Everything is About Feeling... Feeling and Recognition'", *op. cit.*, p. 93.)

p. 97, "...but most of it is due to Pride and Fear": See the following statement of Agnes Martin: "'Toward freedom is the direction that the artist takes', she began. 'Art work comes straight through a free mind – an open mind. Absolute freedom *is* possible. We gradually give up things that disturb us and cover our mind. And with each relinquishment, we feel better. You think it would be easy to discover what is blinding you, but it isn't so easy. It's pride and fear that cover the mind. Pride blinds you. It destroys everything on the way in. Pride is completely destructive. It never leaves anything untouched. First it takes one way... telling you that you're alright... boosting up your ego, making all kind of excuses for you. Pride can attack your neighbours and destroy them. But sometimes, pride turns, and destroys you. It takes a long time for us to turn against pride and get rid of it entirely. And, of course, with every little downfall of pride, we feel a tremendous step up in freedom and in joy. Of course, most people don't really have to come to grips with pride and fear. But artists do, because as soon as they're alone and solitary, they feel fear. Most people don't believe they have pride and fear, because they've been conditioned on pride and fear. But all of us have it. If we don't think we have it, then that's a deceit of pride. Pride practices all kinds of deceits. It's very, very tricky. To recognize and overcome fear and pride, in order to have freedom of mind, is a long process.'" (John Gruen, "Agnes Martin: 'Everything, Everything is About Feeling... Feeling and Recognition'," *op. cit.*, p. 92.)

What We Do Not See If We Do Not See

Unpublished. This is the text of a lecture given on the invitation of Marcia Hafif at Hunter College, City University of New York, in November 1979.

The Current of the River of Life Moves Us

First printing (edited version): *Artspace,* vol. 14, no. 1 (November/December 1989): pp. 36–39. Facsimile of the complete manuscript in: Agnes Martin, *Hiljaisuus taloni lattialla.* Helsinki: Vapaa taidekoulu, 1990, pp. 56–77; also in: *Kunst & Museumjournaal,* vol. 2, no. 5 (1991): pp. 23–28. The text was originally prepared for a lecture at the University of New Mexico, Santa Fe, in 1979.

Beauty Is the Mystery of Life
First printing (facsimile of the manuscript): *El Palacio,* vol. 95, no. 1 (Fall/ Winter 1989): pp. 9–23. These notes were originally prepared for a lecture at the *Carnegie International Exhibition* at the Carnegie Museum of Art, Pittsburgh, on January 7, 1989, and at the Museum of Fine Arts, Santa Fe, New Mexico, in April 1989; the first publication also contains the transcription of answers Agnes Martin gave to questions from her Santa Fe audience.
p. 154, "It is quite commonly thought that the intellect is responsible for everything that is made and done": See Agnes Martin's statement in a recent interview: "The intellect is a hazard in artwork. I mean, there are so many paintings that have gone down the drain because somebody got an idea in the middle." (Mark Stevens, "Thin Gray Line", *Vanity Fair,* March 1989, p. 56.)

Anmerkungen zu den Texten

Vorwort

S. 11, »Meine Bilder haben weder Gegenstand noch Raum...«: Ann Wilson, »Linear Webs«, *Art and Artists*, Vol. 1, Nr. 7 (Oktober 1966): S. 49.

»A Personal Statement«, in: *Agnes Martin,* [Katalog]. München: Kunstraum, 1973, S. 78. Dieser oft zitierte Text ist nicht authentisch; er wird deshalb hier nicht abgedruckt. Vgl. den Brief Agnes Martins vom 15. 10. 1975 an Suzanne Delehanty im Archiv des Institute of Contemporary Art, University of Pennsylvania, Philadelphia.

Aufzeichnungen

Erstdruck (Faksimile der Manuskripte): »Notes«, in: *Agnes Martin.* [Katalog]. München: Kunstraum, 1973, S. 61–77. Diese Aufzeichnungen wurden von der Künstlerin 1972 im Institute of Contemporary Art der University of Pennsylvania, Philadelphia, deponiert. – Übersetzung: Dieter Schwarz.
S. 21, »In der bildenden Kunst und in allen Künsten...«: In einem Interview erläutert Agnes Martin diesen Gedanken: »›Die Schwierigkeit besteht darin, daß die Leute ein Interesse an Vollkommenheit als eine technische Angelegenheit verstehen, obwohl Technik nichts damit zu tun hat. In der Kunst und im Leben ist Technik eine Gefahr. Mit Technik allein zu leben – siehst du, wie schrecklich das wäre?‹ ›Was ist das Gegenteil von Technik?‹ ›Nun, Form, glaube ich.‹« (Mark Stevens, »Thin Gray Line«, *Vanity Fair,* März 1989, S. 56.)
S. 22, »Huang Po, Seite 50, John Blofeld«: »Ein Buddha hat drei Körper. Unter dem Dharmakāya versteht man das Dharma der allgegenwärtigen Leere der wirklichen selbst-existierenden Natur alles und jeden. Unter dem Sambhogakāya versteht man das Dharma der zugrundeliegenden universellen Reinheit der Dinge. Unter dem Nirmānakāya versteht man das Dharma der sechs Handlungen, die zum Nirvāna führen, und alle anderen Mittel dazu.« (*The Zen Teaching of Huang Po on the Transmission of Mind.* Rendered into English by John Blofeld. New York: Grove Press, 1959, S. 50)
S. 22, »Gute Kritik von Robert Coates«: Robert M. Coates schrieb in seiner Ausstellungsbesprechung »The Art Galleries: Variations on Themes« (*The New Yorker,* Vol. XXXVII, Nr. 35 vom 14. 10. 1961, S. 202–204 und 207) zu den Ausstellungen von Agnes Martin in der Betty Parsons Gallery und von Josef Albers in der Sidney Janis Gallery: »Im Angebot der laufenden Woche gibt es ein paar solche Verbindungen (nur geringfügige, das ist sicher) – beispielsweise zwischen den Bildern von Josef Albers, die jetzt bei Janis ausgestellt sind, und denjenigen von Agnes Martin bei Parsons (beide sehen das Leben durch einen rechteckigen Raster), [...]. Die Beziehung

zwischen Frau Martin und Albers ist feiner, und es besteht zwischen ihnen auch ein beträchtlicher Unterschied in Alter und Erfahrung; sie ist relativ neu, und er ist ein Veteran aus der Bauhaus-Zeit. Ich mochte besonders eines von Frau Martins Werken, *The White Flower*, mit seinem zierlichen Netz von Weiß auf Grau; ihr Vorgehen ist durchwegs sensibel und ehrlich. Andererseits gehört Albers, obwohl er seine Bilder immer noch kompromißlos auf das Zelebrieren von Rechteck und Quadrat beschränkt, zu den meisterhaften Koloristen unserer Zeit, und die äußerste Strenge seiner Gestaltung läßt einem die Freiheit, seinen koloristischen Wagemut und Scharfsinn bis zum letzten zu genießen.«
S. 24, »Das denkende Schilfrohr«: Titel eines zerstörten Bildes aus den fünfziger Jahren.

Antwort auf eine Umfrage
Erstdruck: Lucy Lippard, »Homage to the Square«, *Art in America*, Vol. 55, Nr. 4 (Juli/August 1967): S. 55. – Übersetzung: Dieter Schwarz.

Gedanken
Erstdruck: »Reflections«, *Artforum*, Vol. XI, Nr. 8 (April 1973): S. 38. Der Text wurde nach Gesprächen mit der Künstlerin im Dezember 1972 von Lizzie Borden notiert. – Übersetzung: Marco Obrist.

Der ungetrübte Geist
Erstdruck: »The Untroubled Mind«, in: *Agnes Martin*. [Katalog]. Philadelphia: Institute of Contemporary Art, University of Pennsylvania, 1973, S. 17–24. Der Text wurde aufgrund von Gesprächen mit der Künstlerin, die sie im Sommer 1972 führte, von Ann Wilson niedergeschrieben. – Übersetzung: Dieter Schwarz.
S. 46, »Ich malte ein Bild mit dem Titel *Milk River*.«: *Milk River*, 1963, Öl und Bleistift auf Leinwand, 183 x 183 cm (Whitney Museum of American Art, Larry Aldrich Foundation Fund).
S. 47, »Als ich aus den Bergen New Mexicos hinausfuhr«: Agnes Martin spricht von diesem Erlebnis auch in einem Interview: »Als ich einmal aus den Bergen kam – ich hatte die Berge gemalt – da kam ich auf diese Ebene hinaus, und ich dachte: Ah! Was für eine Erleichterung! (Das war gerade vor Tulsa.) Ich dachte: Das ist für mich! Ihre Ausdehnung. Ich ergab mich. Diese Ebene... sie war wie eine gerade Linie. Es war eine horizontale Linie. Und ich dachte, es gebe keine Linie, die mich so berührte wie eine horizontale Linie. Dann merkte ich, daß ich immer glücklicher wurde, je öfter ich diese Linie zog. Zuerst dachte ich, sie sei wie das Meer... dann dachte ich, sie sei wie Gesang! Ja, ich fuhr auf dieser horizontalen Linie in die Stadt. Aber ich mochte sie nicht ohne jede Vertikale. Und ich dachte bei mir: Es gibt nicht allzuviele Vertikalen, die ich mag. Doch ich setzte ein paar dazu hin. Schließlich setzte ich beinahe so viele Vertikalen wie Horizontalen hin. Doch ich versichere Ihnen, nachdem ich die Arbeiten von Studenten betrachtet habe, daß sie glauben, daß Künstler wie ich mit Struktur zu tun haben. Nun, ich habe diese Gitter seit Jahren gemacht, aber ich habe nie an ›Struktur‹

gedacht. Struktur entspricht nicht dem Kompositionsprozeß. Ja, sogar in musikalischen Kompositionen, die sehr formal strukturiert sind, geht es nicht um die Struktur. Der Musikkomponist *hört* nämlich *zu*. Er denkt nicht über Struktur nach. Sie müssen also zugeben, daß es in meiner Arbeit nicht um *Struktur* geht.« (John Gruen, »Agnes Martin: ›Everything, Everything is About Feeling... Feeling and Recognition‹«, *Art News,* Vol. 75, Nr. 7 (September 1976): S. 94).
S. 49, »Aus Jesaja, über Eingebung«: Siehe Jesaja, 40, 6–8: »Horch, es spricht: Rufe! Und ich sprach: ›Was soll ich rufen? Alles Fleisch ist ja Gras und all seine Pracht wie die Blume des Feldes. Das Gras verdorrt, die Blume welkt, wenn der Hauch des Herrn darüber weht.‹ – ›Ja, Gras ist das Volk. Das Gras verdorrt, die Blume welkt; aber das Wort unsres Gottes bleibt in Ewigkeit.‹«

Geschichten von Willie
Erstdruck: »Willie Stories«, in: *Agnes Martin.* [Katalog]. Philadelphia: Institute of Contemporary Art, University of Pennsylvania, 1973, S. 28. Der Text wurde von Ann Wilson nach der Erzählung der Künstlerin aufgeschrieben. – Übersetzung: Dieter Schwarz.

Gleichnis von den zueinander passenden Herzen
Erstdruck: »Parable of the Equal Hearts«, in: *Agnes Martin.* [Katalog]. Philadelphia: Institute of Contemporary Art, University of Pennsylvania, 1973, S. 31. Der Text wurde von Ann Wilson nach der Erzählung der Künstlerin aufgeschrieben. – Übersetzung: Dieter Schwarz.
S. 60, »Ich malte ein Bild, das *This Rain* heißt«: Es existiert ein solches Bild aus dem Jahr 1960, das sich in einer Privatsammlung befindet.

Vortrag an der Cornell University
Erstdruck: »The Untroubled Mind« (2. Teil), in: *Agnes Martin.* [Katalog]. Philadelphia: Institute of Contemporary Art, University of Pennsylvania, 1973, S. 24. Dieser von Ann Wilson transkribierte Text folgt Agnes Martins Notizen für einen Vortrag, den sie im Januar 1972 an der Cornell University, Ithaca, NY, hielt. – Übersetzung: Dieter Schwarz.

Über die Vollkommenheit, die dem Leben zugrunde liegt
Erstdruck (Faksimile des Manuskripts): »On the Perfection Underlying Life«, in: *Agnes Martin.* [Katalog]. München: Kunstraum, 1973, S. 35–60. Dieser Text diente als Grundlage für einen Vortrag am Institute of Contemporary Art der University of Pennsylvania, Philadelphia, vom 14. Februar 1973. – Übersetzung: Marco Obrist.
S. 79, »Dürre Gebeine«: Vgl. das Gleichnis vom Auferstehen der dürren Gebeine im Buch Ezechiel, 37.

Rat an junge Künstler
Unveröffentlicht. Manuskript deponiert im Institute of Contemporary Art, University of Pennsylvania, Philadelphia. – Übersetzung: Dieter Schwarz.

Ruhe und Stille in der Kunst

Unveröffentlicht. Manuskript deponiert im Institute of Contemporary Art, University of Pennsylvania, Philadelphia. Dieser Kommentar zu der 1974 von der Parasol Press, New York, verlegten Siebdruckmappe *On a Clear Day* wurde geschrieben als Antwort auf eine Umfrage der Zeitschrift *Art Forum*: »Ist die Druckgraphik am Verschwinden?« Manuskript deponiert im Institute of Contemporary Art, University of Pennsylvania, Philadelphia. – Übersetzung: Dieter Schwarz.

Was ist wirklich?

Erstdruck (Faksimile des Manuskripts): »We Are in the Midst of Reality Responding With Joy«, in: *Agnes Martin: Paintings and Drawings 1957–1975*. [Katalog]. London: The Arts Council of Great Britain, 1977, S. 17–39. Dieser Text wurde am 5. April 1976 in der Yale University, New Haven, vorgetragen; eine Kopie des Manuskripts mit dem Titel *What Is Real* befindet sich im Archiv des Institute of Contemporary Art, University of Pennsylvania, Philadelphia. – Übersetzung: Dieter Schwarz.

S. 101, »Inmitten der Wirklichkeit reagieren wir mit Freude«: Vgl. Agnes Martins Beschreibung der Arbeit der Maler des abstrakten Expressionismus: »Rothkos Malerei ist reine Hingabe an die Wirklichkeit. Das ist es, worum es darin geht! [...] Barney Newmans Bilder handeln von der Freude über das Erkennen der Wirklichkeit. Diejenigen von Pollock handeln von völliger Freiheit und Lebensbejahung.« (John Gruen, »Agnes Martin: ›Everything, Everything is About Feeling... Feeling and Recognition‹«, *op. cit.*, S. 93).

S. 103, »will ich Wordsworth über das Betrachten von Narzissen zitieren«: Deutsche Übersetzung nach: *English Poems/Englische Gedichte*. Ausgewählt und in Prosa übersetzt von Dieter Mehl. München: Deutscher Taschenbuch Verlag, 1981 (= dtv, 9181), S. 87.

S. 105, »...doch am meisten erfolgt er aus Hochmut und Angst heraus.«: Vgl. dazu weitere Aussagen Agnes Martins: »›Richtung Freiheit ist, wohin der Künstler zielt‹, begann sie. ›Künstlerische Arbeit kommt direkt aus einem freien Geist – einem offenen Geist. Absolute Freiheit *ist* möglich. Wir geben mehr und mehr Dinge auf, die uns stören und auf unserem Inneren lasten. Und mit jedem Verzicht fühlen wir uns besser. Du glaubst, es sei einfach, herauszufinden, was dich blind macht, doch es ist nicht so einfach. Es sind Hochmut und Angst, die auf dem Inneren lasten. Hochmut macht dich blind. Er zerstört alles auf seinem Weg da hinein. Hochmut ist gänzlich zerstörerisch. Er läßt nichts unberührt. Erst nimmt er diesen Weg: er sagt dir, du seist in Ordnung, er stärkt dein Ego und liefert dir alle möglichen Entschuldigungen. Hochmut kann deine Nachbarn angreifen und zerstören. Doch manchmal dreht er sich um und zerstört dich. Wir brauchen lange, um uns gegen den Hochmut zu wenden und ihn ganz loszuwerden. Und natürlich empfinden wir jede kleine Niederlage des Hochmuts als einen Schritt aufwärts zu Freiheit und Freude. Natürlich müssen die meisten Leute sich nicht wirklich mit Hochmut und Angst auseinandersetzen. Doch Künstler müssen es, denn sobald sie allein und einsam sind, empfinden sie Angst. Die meisten Leute glauben nicht, daß sie Hochmut und Angst begegnen, da sie mit Hochmut und Angst aufwuchsen. Doch wir alle begegnen ihnen. Wenn wir glauben, nichts damit zu tun zu haben, ist das eine Täuschung des Hochmuts. Der Hochmut setzt alle Arten von Täuschungen ein. Er ist sehr, sehr listenreich. Angst und Hochmut zu erkennen und zu besiegen, um zur inneren Freiheit zu gelangen, ist ein langwieriger Vorgang.‹« (John Gruen, »Agnes Martin: ›Everything, Everything is About Feeling... Feeling and Recognition‹«, *op. cit.*, S. 92).

WAS WIR NICHT SEHEN, WENN WIR NICHT SEHEN
Unveröffentlicht. Dieser Text wurde im November 1979 auf Einladung von Marcia Hafif am Hunter College der City University of New York vorgetragen. – Übersetzung: Dieter Schwarz.

DIE STRÖMUNG DES LEBENSFLUSSES BEWEGT UNS
Erstdruck (redigierte Fassung): »The Current of the River of Life Moves Us«, *Artspace,* Vol. 14, Nr. 1 (November/Dezember 1989): S. 36–39. Faksimile des vollständigen Manuskripts in: Agnes Martin, *Hiljaisuus taloni lattialla,* Helsinki: Vapaa taidekoulu, 1990, S. 56–77; ebenfalls in: *Kunst & Museumsjournaal,* Vol. 2, Nr. 5 (1991): S. 23–28. Dieser 1979 verfaßte Text diente als Grundlage für einen Vortrag an der University of New Mexico, Santa Fe. – Übersetzung: Marco Obrist.

SCHÖNHEIT IST DAS GEHEIMNIS DES LEBENS
Erstdruck (Faksimile des Manuskripts): »Beauty Is the Mystery of Life«, *El Palacio,* Vol. 95, Nr. 1 (Herbst/Winter 1989): S. 9–23. Dieser Text wurde von der Künstlerin am 7. Januar 1989 anläßlich der *Carnegie International Exhibition* im Carnegie Museum of Art, Pittsburgh, und im April 1989 im Museum of Fine Arts, Santa Fe, New Mexico, vorgetragen; im Erstdruck ist im Anschluß an den Text die Diskussion mit den Zuhörern des Vortrags in Santa Fe wiedergegeben. – Übersetzung: Dieter Schwarz.
S. 158, »Man denkt gemeinhin, daß der Intellekt für alles verantwortlich ist,...«: Vgl. die Aussagen Agnes Martins in einem neueren Interview: »Der Intellekt ist eine Gefahr in der künstlerischen Arbeit. Ich meine damit, daß sehr viele Bilder den Bach hinunter gegangen sind, weil jemand mittendrin einen Einfall hatte.« (Mark Stevens, »Thin Gray Line«, *Vanity Fair,* März 1989, S. 56).

Illustrations

Abbildungen

S. 13
Untitled, 1960
Blaue Tinte auf Papier, 22,9 x 22,9 cm
Annemarie und Gianfranco Verna, Zürich

S. 27
Untitled, 1961
Wasserfarbe, Bleistift und Tusche auf Papier, 22,9 x 22,9 cm
Privatbesitz, Basel

S. 55
Starlight, 1962
Öl auf Leinwand, 30,5 x 30,5 cm
Privatbesitz, Basel

S. 65
Water, 1962
Wasserfarbe, Bleistift und Tinte auf Papier, 30,2 x 30,2 cm
Privatbesitz

S. 87
Untitled, 1965
Wasserfarbe und Farbstift auf Papier, 21,6 x 21,6 cm
Annemarie und Gianfranco Verna, Zürich

S. 109
Untitled, 1977
Wasserfarbe und Tusche auf Papier, 22,9 x 22,9 cm
Privatbesitz

S. 133
Untitled, 1978
Wasserfarbe und Tinte auf Reispapier, 22,9 x 22,9 cm
Annemarie und Gianfranco Verna, Zürich

S. 151
Untitled, 1978
Wasserfarbe und farbige Tusche auf Papier, 22,9 x 22,9 cm
Jedlicka Familie

Contents

Inhalt

Printed by / Gesamtherstellung:
Dr. Cantz'sche Druckerei, Ostfildern-Ruit

Published by / Erschienen im
Hatje Cantz Verlag
Senefelderstraße 12
73760 Ostfildern-Ruit
Deutschland / Germany
Tel. +49 711 4405-0
Fax +49 711 4405-220
www.hatjecantz.de

Hatje Cantz books are available internationally at selected bookstores and from the following distribution partners:

USA/North America – D.A.P., Distributed Art Publishers, New York, www.artbook.com
UK – Art Books International, London, sales@art-bks.com
Australia – Towerbooks, French Forest (Sydney), towerbks@zipworld.com.au
France – Interart, Paris, commercial@interart.fr
Belgium – Exhibitions International, Leuven, www.exhibitionsinternational.be
Switzerland – Scheidegger, Affoltern am Albis, scheidegger@ava.ch

For Asia, Japan, South America, and Africa, as well as for general questions, please contact Hatje Cantz directly at sales@hatjecantz.de, or visit our homepage www.hatjecantz.com for further information.

6th Edition / 6. Auflage 2005
ISBN 3-7757-1611-4
Printed in Germany

Quote on back cover / Zitat Umschlagrückseite

from "What we do not see if we do not see," p. 117, aus »Was wir nicht sehen, wenn wir nicht sehen«, S. 128/129